清涼國師華嚴經疏鈔

청량국사화엄경소초

44

승도솔천궁품

청량징관 찬술 · 관허수진 현토역주

운주사

천이백 년 침묵의 역사를 깨고

오늘도 나는 여전히 거제만을 바라본다.

겹겹이 조종하는 산들

산자락 사이 실가닥 저잣길을 지나 낙동강의 시린 눈빛

그 너머 미동도 없는 평온의 물결 저 거제만을 바라본다.

십오 년 전 그날 아침을 그리며 말이다.

나는 2006년 1월 10일 은해사 운부암을 다녀왔다.

그리고 그날 밤 열한 시 대적광전에서 평소에 꿈꾸어 왔던 『청량국사 화엄경소초』 완역의 무장무애를 지심으로 발원하고 번역에 착수하였다.

나의 가냘픈 지혜와 미약한 지견으로 부처님의 비단과도 같은 화장세계에 청량국사의 화려하게 수놓은 소초의 꽃을 피워내는 긴 여정을 시작한 것이다.

화엄은 바다였고 수미산이었다.

그 바다에는 부처님의 용이 살고 있었고

그 산에는 부처님의 코끼리가 노닐고 있었다.

예쁘게 단장한 청량국사 소초의 꽃잎에는 부처님의 생명이 태동하고 있었고,

겹외의 연꽃 밭에는 영원히 지지 않는 일승의 꽃이 향기를 뿜어내고

6

있었다.

그 바다 그 산 그리고 그 꽃밭에서 10년 7개월(구체적으로는 2006년
1월 10일부터 2016년 8월 1일까지) 동안 자유롭게 노닐었다.
때로는 산 넘고 강 건너 협곡을 지나고
때로는 은하수 별빛 따라 오작교도 다니었다.
삼경 오경의 그 영롱한 밤
숨쉬기조차 미안한 고요의 숭고함
그 시공은 영원한 나의 역경의 놀이터였다.

애시당초 이 작업은 세계 인문학의 자존심
내가 살아 숨쉬는 이 나라 대한민국 그리고 불교의 자존심에 기인한
것이다.
일찍이 그 누가 이 청량국사의 『화엄경소초』를 완역하였다면 나는
이 작업을 하지 않았을 것이다.
지금도 여전히 완역자는 없다.
더욱이 이 『청량국사화엄경소초』의 유일한 안내자 인악스님의 『잡
화기』와 연담스님의 『유망기』도 그 누가 번역한 사실이 없다.
그러나 내 손안에 있는 두 분의 『사기』는 모두 다 번역하여 주석으로
정리하였다.

이 청량국사 화엄경의 소는 초를 판독하지 않으면 알 수가 없다.
그래서 그 이름을 구체적으로 대방광불화엄경수소연의초大方廣佛華
嚴經隨疏演義鈔라 한 것이다.

즉 대방광불화엄경의 소문을 따라 그 뜻을 강연한 초안의 글이라는 것이다.

청량국사는 『화엄경』의 소문을 4년(혹은 5년) 쓰시되 2년차부터는 소문과 초문을 함께 써서 완성하시고 5년차부터 8년 동안 초문을 쓰셨다.

따라서 그 소문의 양은 초문에 비하면 겨우 삼분의 일에 지나지 않는다 할 것이다.

나는 1976년 해인사 강원에서 처음 『청량국사화엄경소초 현담』 여덟 권을 독파하였고,

1981년부터 3년간 금산사 화엄학림에서 『청량국사화엄경소초』를 독파하였다.

그때 이미 현토와 역주까지 최초 번역의 도면을 완성하였고, 당시에 아쉽게 독파하지 못한 십정품에서 입법계품까지의 소초는 1984년 이후 수선 안거시절 해제 때마다 독파하여 모두 정리하였다.

그러나 번역의 기연이 맞지 않아 미루다가 해인사 강주시절 잠시 번역에 착수하였으나 역시 기연이 맞지 않아 미루었다.

그리고 드디어 2006년 1월 10일 번역에 착수하여 2016년 8월 1일 십만 매 원고로 완역 탈고하고, 2020년 봄날 시공을 초월한 사상 초유 『청량국사화엄경소초』가 1,200년 침묵의 역사를 깨고 이 세상에 처음 눈을 뜨게 된 것이다.

번역의 순서는 먼저 입법계품의 소초, 다음에는 세주묘엄품 소초에서 이세간품 소초까지, 마지막으로 소초 현담을 번역하였다.
번역의 형식은 직역으로 한 글자도 빠뜨리지 않고 번역하였다.
따라서 어색하게 느껴지는 곳도 있을 것이다.
예를 들면 소所 자를 "바"라 하고, 지之 자를 지시대명사로 "이것, 저것"이라 하고, 이而 자를 "그러나"로 번역한 등이 그렇다.
판본은 징광사로부터 태동한 영각사본을 뿌리로 하였고, 대만에서 나온 본과 인악스님의 『잡화기』와 연담스님의 『유망기』와 또 다른 사기 『잡화부』(잡화부는 검자권부터 광자권까지 8권만 있다)를 대조하여 번역하였다.

앞에서 이미 말한 것처럼, 그 누가 청량국사의 『화엄경소초』를 완역한 적이 있었다면 나는 이 번역에 착수하지 않았을 것이다.
지금까지 이 황금보옥黃金寶玉의 『청량국사화엄경소초』가 번역되지 아니한 것은 나에게 주어진 시대적 사명이고 역사적 명령이라 생각한다.
나는 이 『청량국사화엄경소초』의 완역으로 불조의 은혜를 갚고 청량국사와 은사이신 문성노사 그리고 나를 낳아준 부모의 은혜를 일분 갚는다 여길 것이다.

끝으로 이 『청량국사화엄경소초』가 1,200년의 시간을 지나 이 세상에 눈뜨기까지 나와 인연한 모든 사람들 그리고 영산거사 가족과 김시열 거사님께 원력의 보살이라 찬언讚言하며, 나의 미약한 번역으로 선지자의 안목을 의심케 할까 염려한다.

마지막 희망이 있다면 이 『청량국사화엄경소초』의 완역 출판으로 청량국사에 대한 더욱 깊고 넓은 연구와 『화엄경』에 대한 더욱 다양한 연구가 이루어지기를 바라는 것뿐이다.

장세토록 구안자의 자비와 질책을 기다리며 고개 들어 다시 저 멀리 거제만을 바라본다.

여전히 변함없는 저 거제만을.

2016년 8월 1일 절필시에 게송을 그리며

長廣大說無一字 장광대설무일자

無碍眞理亦無義 무애진리역무의

能所兩詮雙忘時 능소양전쌍망시

劫外一經常放光 겁외일경상방광

화엄경의 장대한 광장설에는 한 글자도 없고

화엄경의 걸림없는 진리에는 또한 한 뜻도 없다.

능전의 문자와 소전의 뜻을 함께 잊은 때에

시공을 초월한 경전 하나 영원히 광명을 놓누나.

불기 2568년 음력 1월 10일 최초 완역장

승학산 해인정사 관허 수진

● 화엄경소초현담 華嚴經疏鈔玄談(1~8)

● 화엄경소초 華嚴經疏鈔

1. 세주묘엄품 世主妙嚴品
2. 여래현상품 如來現相品
3. 보현삼매품 普賢三昧品
4. 세계성취품 世界成就品
5. 화장세계품 華藏世界品
6. 비로자나품 毘盧遮那品
7. 여래명호품 如來名號品
8. 사성제품 四聖諦品
9. 광명각품 光明覺品
10. 보살문명품 菩薩問明品
11. 정행품 淨行品
12. 현수품 賢首品
13. 승수미산정품 昇須彌山頂品
14. 수미정상게찬품 須彌頂上偈讚品
15. 십주품 十住品
16. 범행품 梵行品
17. 초발심공덕품 初發心功德品
18. 명법품 明法品

19. 승야마천궁품昇夜摩天宮品

20. 야마천궁게찬품夜摩天宮偈讚品

21. 십행품十行品

22. 십무진장품十無盡藏品

23. 승도솔천궁품昇兜率天宮品

24. 도솔천궁게찬품兜率天宮偈讚品

25. 십회향품十廻向品

26. 십지품十地品

27. 십정품十定品

28. 십통품十通品

29. 십인품十忍品

30. 아승지품阿僧祇品

31. 여래수량품如來壽量品

32. 보살주처품菩薩住處品

33. 불부사의법품佛不思議法品

34. 여래십신상해품如來十身相海品

35. 여래수호광명공덕품如來隨好光明功德品

36. 보현행품普賢行品

37. 여래출현품如來出現品

38. 이세간품離世間品

39. 입법계품入法界品

대방광불화엄경수소연의초 제이십이권의 일권

大方廣佛華嚴經隨疏演義鈔 第二十二卷之一卷

우진국 삼장사문 실차난타 번역
청량산 대화엄사 사문 징관 찬술
대한민국 조계종 사문 수진 현토역주

승도솔천궁품 제이십삼의 일권

昇兜率天宮品 第二十三之一卷

疏

自下는 第五會라 明上賢十向이니 四門同前하니라 初來意中에 先
會來者는 正爲答前迴向問故니 迴前解行하야 以向眞證하야 廣
益自他케하고 令行彌綸하야 無不周故니라 菩薩大乘藏經云호대
以少善根으로 引無量果者는 謂迴向心이라하니 以迴向心으로 爲
大利故라 故行後明之니라 又前解行旣著할새 今悲願彌博이라 後
品來者는 前會旣終에 將陳後說코자 先明說處하야 表法故來니라

이 아래부터는 제오회이다.

위에 삼현 가운데 십회향을 밝힌 것이니,

네 가지 문門은 앞에서 말한 것과 같다.

처음에 이 품이 여기에 온 뜻 가운데 먼저 제오회가 여기에 온
것은 바로 앞에 회향에 대한 질문을 답하기 위한 까닭이니,

앞에 해와 행(解行)을[1] 돌이켜 참다운 깨달음에 나아가 자기도 다른

---

1 원문에 전해행前解行 운운은 此會來가 두 가지가 있나니 一은 삼심三心을

사람도 널리 이익케 하고, 행으로 하여금 널리 다스려[2] 두루하지
아니함이 없게 하려는 까닭이다.

『보살대승장경』에 말하기를 적은 선근으로써 한량없는 과보를 이끌
어낸다는 것은 회향하는 마음을 말하는 것이다 하였으니,

회향하는 마음으로써 큰 이익을 삼는 까닭이다.

그런 까닭으로 십행 이후에 이 십회향을 밝히는 것이다.

또 앞에서 해와 행을 이미 밝혔기에 지금[3]에는 대비와 서원을 더욱
넓히는 것이다.

뒤에 이 품이 여기에 온 것은 앞의 제사회가 이미 끝이 남에 장차
후회後會의 말을 진술하고자 하여 먼저 설할 것을 밝혀 법을 표하는
까닭으로 이 품이 여기에 온 것이다.

鈔

菩薩大乘藏經者는 或單名菩薩藏經이니 唯一卷이라 亦明禮佛懺悔

잡아 말하나니 전해前解는 직심直心이요, 전행前行은 심심深心이요, 금今은
대비심大悲心이다. 二는 삼회향三回向을 잡아 말하나니 진증眞證은 실제회향實
際回向이요, 익자益自는 보리회향菩提回向이요, 익타益他는 중생회향衆生回向
이다. 진증眞證은 지상보살地上菩薩이다. 『잡화기』에 말하기를 참다운 깨달음
이라고 함은 곧 지상보살이니 이것은 보리와 실제회향을 포함하는 것이요,
널리 이익케 한다고 한 것은 곧 중생회향이니 세 가지 회향이 구족되었다
하였다.

2 미륜彌綸은 널리 다스린다는 뜻이다.

3 원문에 슈 자는 수 자가 좋다. 슈 자로 한다면 대비와 서원으로 하여금이라
번역할 것이다.

隨喜等하고 後廣說迴向等功德하대 先明七寶를 布滿恒河沙三千大
千世界하야 供養於佛하고 後云호대 行此迴向功德等하면 卽引無量
果라하니 乃是義引耳니라 以迴向心으로 爲大利故는 卽暗引淨名의
佛道品에 普現色身菩薩之偈니 偈云호대 富有七財寶하야 敎授以滋
息이라도 如所說修行하야 迴向爲大利라하니라 故行後明之者는 迴
前行故니라

『보살대승장경』이라고 한 것은 혹은 단적으로 『보살장경』이라고도
이름하나니 오직 한 권뿐이다.
또한 『보살장경』에 먼저 부처님께 예경하고 참회하고 따라 기뻐하는
등을 밝히고 뒤에 널리 회향 등의 공덕을 설하되, 먼저는 칠보를
항하의 모래알만큼 많은 삼천대천세계에 널리 채워[4] 부처님께 공양
함을 밝히고, 뒤에는 말하기를 이 회향의 공덕 등을 행하면 곧
한량없는 과보를 이끌어낸다 하였으니,
이에 이 소문은 뜻으로 인용[5]하였을 뿐이다.

회향하는 마음으로써 큰 이익을 삼는 까닭이라고 한 것은 곧 『정명
경』의 불도품에 보현색신보살의 물음에 답한 게송을 그윽이 인용한[6]

---

4 포布 자와 만滿 자 사이에 시施 자가 빠진 것이 아닌가 염려한다고 『잡화기』는
  말한다. 그렇다면 칠보를 보시하여 대천세계에 채운다고 번역할 것이다.
5 원문에 내시의인乃是義引이라고 한 것은 소문疏文에 以少善根으로 引無量果者
  는 謂迴向心이라 한 것은 此大乘經의 意引이라는 것이다.
6 원문에 암인정명暗引淨名 운운은 普現色身菩薩이 維摩詰에게 묻기를 居士여

것이니,
게송에 말하기를
칠보의 재물이 넉넉하게 있어서
자식을 가르쳐 자식을 불어나게 할지라도
설한 바와 같이 수행하여
회향함으로 큰 이익을 삼는다 하였다.

그런 까닭으로 십행 이후에 십회향을 밝힌다고 한 것은 앞에 십행을
돌이키는 까닭이다.

疏

二에 釋名者는 先會得名이니 亦有三義하니 同前二會하니라

두 번째 이름을 해석한 것은 먼저는 회의 이름을 얻은 것이니,
또한 세 가지 뜻이 있나니 앞의 이회二會에서 말한 것과 같다.

父母妻子와 親戚眷屬과 吏民知識이 悉爲是誰며 奴婢僮僕과 象馬車乘은 皆何
所在고하니 維摩詰이 以偈答曰호대 智度菩薩母요 方便以爲父 云云하고 富有
七財寶 云云하였다. 즉 보현색신보살이 유마힐에게 묻기를 거사여 부모처자와
친척권속과 백성과 선지식이 다 누구이며 노비와 종과 코끼리, 말, 수레가
다 어느 곳에 있는가 하니 유마힐이 게송으로 답하여 말하기를 지혜바라밀은
보살의 어머니가 되고 방편바라밀은 아버지가 된다 운운하고 칠보의 재물이
넉넉하게 있어서 운운하여 여기 초문과 같이 말하였다.

鈔

亦有三義者는 一은 約處인댄 名兜率天宮會요 二는 約人인댄 名金剛
幢菩薩會요 三은 約法인댄 名十迴向會라

또한 세 가지 뜻이 있다고 한 것은 첫 번째는 처소를 잡는다면
이름이 도솔천궁회요
두 번째는 사람을 잡는다면 이름이 금강당보살회요
세 번째는 법을 잡는다면 이름이 십회향회이다.

疏

二는 釋品名이니 兜率是處요 佛以法界之身으로 不起而應일새 故
名爲升이라 處此說者는 表位超勝이니 是次第故니라 又上下放逸
이나 此天知足이니 表世間行滿이라 故居喜足之天이라 又以彼有
一生補處하니 表菩提之心에 功行滿故니라 又積功累勳이나 知階
未足이라가 迴勳授子코사 乃知有餘하나니 菩薩亦爾하야 勤苦積
行이나 未見有餘라가 迴向衆生코사 乃知自足하니라 又欲界六天
에 此居其中하니 表悲智均平하야 處於中故니라 又生此天하야 而
修三福하나니 謂施戒定이라 自餘不具하며 偏多不均일새 故處此
說也니라

두 번째는 품의 이름을 해석한 것이니

도솔은 이 처소요

부처님이 법계의 몸으로써 일어나지 않고 응하시기에 그런 까닭으로
이름을 승兜이라 한 것이다.

이 하늘에 거처하여 설하신 것은 지위가 뛰어나 수승함을 표한
것이니, 이것은 차례인 까닭이다.

또 이 위에 하늘과 이 아래 하늘은 방일하지만 이 하늘은 만족할
줄 아나니, 세간의 행이 만족함을 표한 것이다.

그런 까닭으로 희족천喜足天[7]에 거처하는 것이다.

또 저 도솔천에 일생보처보살(미륵보살)이 있나니,

보리의 마음에 공덕행이 만족함을 표한 까닭이다.

또 공덕을 쌓고 공덕을 더하지만 계급이 만족하지 못한 줄 알다가
공덕을 돌이켜 자식에게 주고서 이에 여유가 있는 줄 아나니, 보살도
또한 그러하여 고행을 부지런히 하고 수행을 쌓지만 여유가 있는
줄 보지 못하다가 중생에게 회향하고서 이에 스스로 만족한 줄
아는 것이다.

또 욕계의 여섯 하늘에 이 도솔천이 그 가운데 있나니,

자비와 지혜가 균평均平하여 그 가운데 있는 것을 표한 까닭이다.

또 이 하늘에 태어나 세 가지 복행을 닦나니

말하자면 보시와 지계와 선정이다.

그 나머지[8] 하늘은 다 갖추지 못하였으며 치우침이 많아 균평하지

---

7 희족천喜足天이란, 도솔천兜率天을 상족천上足天, 묘족천妙足天, 지족천知足天,
  희족천喜足天이라 번역한다.

8 원문에 자여自餘는 즉 기여其餘니 여천餘天이다. 『잡화기』에는 욕계에는 원래

못하기에 그런 까닭으로 이 하늘에 거처하여 설한 것이다.

鈔

處此說下는 此句는 徵이요 從表位下는 答이라 答有六意하니 一은
前行在夜摩어니와 今迴向超前일새 故居兜率이니 上은 但約次第요
二는 取知足天名이요 三은 約天主說之요 四는 再就知足釋之이니
前은 約自利足이요 此는 約利他足이라 五는 約中道說之요 六은 約均
平釋이라 言又生此天하야 而修三福者는 卽涅槃三十二에 應言修施
戒者는 得上下天身거니와 修施戒定은 得兜率天身이라하니라

이 하늘에 거처하여 설하신 것이라고 한 아래는 이 구절은 묻는
것이요
지위가 뛰어나 수승함을 표한다고 한 것으로 좇아 아래는 답한
것이다.
답한 것에 여섯 가지 뜻이 있나니
첫 번째는 앞에 십행은 야마천에 있거니와 지금에 십회향은 앞에
십행을 뛰어났기에 그런 까닭으로 도솔천에 있는 것이니,
이상은 다만 차례만을 잡은 것이요
두 번째는 지족천의 이름을 취한 것이요
세 번째는 천주天主를 잡아 설한 것이요
네 번째는 다시 지족에 나아가 해석한 것이니

선정이 없다 하였다.

앞에 지족은 자리족을 잡은 것이요
여기에 지족은 이타족을 잡은 것이다.
다섯 번째는 중도를 잡아 설한 것이요
여섯 번째는 균평함을 잡아 해석한 것이다.

또 이 하늘에 태어나 세 가지 복행을 닦는다고 말한 것은 곧 『열반경』
삼십이권에 응당 말하기를 보시와 지계를 닦는 사람은 이 위에
하늘과 이 아래 하늘의 몸[9]을 얻거니와 보시와 지계와 선정을 닦는
사람은 도솔천의 몸을 얻는다 하였다.

疏

第三에 宗趣者는 會는 以十向大願爲宗하고 得地爲趣하며 品은
以升天赴感爲宗하고 說向爲趣하니라

제 세 번째 종취는 회會는 십회향의 큰 서원으로써 종을 삼고 십지를
얻는 것으로써 취를 삼으며
품品은 도솔천에 올라가 감응하는 것으로써 종을 삼고 십회향을
설하는 것으로써 취를 삼는 것이다.

---

9 원문에 상하천신上下天身이라고 한 것은 도솔상천과 도솔하천의 몸을 말한다.

經

爾時에 佛神力故로 十方一切世界에 一一四天下의 閻浮提中에 皆見如來가 坐於樹下어든 各有菩薩하야 承佛神力하야 而演說 法하고 靡不自謂恒對於佛하나라

그때에 부처님의 위신력인 까닭으로 시방의 일체 세계 낱낱 사천하 염부제 가운데서 다 여래가 보리수 아래에 앉아 계시거든, 각각 보살이 있어서 부처님의 위신력을 받아 법을 연설함을 보고는 스스로 말하기를 항상 부처님을 대면한다 아니함이 없었습니다.

疏

第四는 釋文이라 此會에 有三品經하니 初二는 當會由致요 後一은 正說所以라 無勝進者는 由二義故니 一은 以此會가 是三賢位終 이라 攝前解行하야 總爲趣地方便이니 迴向當體가 自是勝進일새 是故無也니라 此經上下에 其例有四하니 一은 約行滿入位之際니 如賢首品에 信滿으로 總爲入住方便이요 二는 約願滿入證之際니 如此迴向에 初僧祇滿으로 總爲入地方便이요 三은 約功用滿에 入無功用之際니 如第八地初에 總攝前七地로 以爲方便하니 此 第二僧祇滿이요 四는 約因位成滿之際니 如第十地初에 攝前九 地로 爲入方便하니 此約三僧祇滿處攝也니라 餘는 同位相接에 卽別有方便일새 故非一例니라

제 네 번째는 경문을 해석한 것이다.

이 회에 삼품의 경이 있나니

처음에 두 품은 회의 이유에 해당하는 것이요

뒤에 한 품은 바로 그 까닭을 말한 것이다.

승진勝進이 없는 것은 두 가지 뜻을 인유한 까닭이니

첫 번째는 이 회가 삼현위의 끝인지라 앞의 해와 행을 섭수하여 모두 십지에 나아가는 방편을 삼은 것이니,

회향의 당체가 스스로 이 승진이기에 이런 까닭으로 승진이 없는 것이다.

이 경의 위와 아래에 그런 예가 네 곳이 있나니

첫 번째는 행이 가득 참에 지위에 들어가는 분제分際를 잡은 것이니, 현수품에 믿음이 가득 참으로 모두 십주에 들어가는 방편을 삼은 것과 같은 것이요

두 번째는 서원이 가득 참에 증득함에 들어가는 분제를 잡은 것이니, 이 회향품에 처음 아승지세월이 가득 참으로 모두 십지에 들어가는 방편을 삼은 것과 같은 것이요

세 번째는 공용이 가득 참에 무공용에 들어가는 분제를 잡은 것이니, 제 팔지 초에 앞에 칠지를 모두 섭수함으로 방편을 삼은 것과 같나니 이것은 제 이아승지세월이 가득 찬 것이요

네 번째는 인위에서 가득 참을 이루는 분제를 잡은 것이니, 제 십지 초에 앞에 구지를 모두 섭수함으로 들어가는 방편을 삼은 것과 같나니

이것은 삼아승지세월이 가득 찬 곳에 섭수함을 잡은 것이다.

나머지는 같은 지위가 서로 근접함[10]에 곧 따로 방편이 있기에 그런 까닭으로 한 가지 예가 아니다.

鈔

三은 約功用滿等者는 第八地初에 有總明方便集作地分하니 集前 七地하야 爲入地方便이라 四는 十地初에 有方便作滿足地分하니 是 也니라

세 번째는 공용이 가득 참에 무공용에 들어가는 분제를 잡은 것이라 고 한 등은 제 팔지 초에 방편으로 앞에 칠지를 모아 제 팔지를 짓는 분分을 한꺼번에 밝힌 것이 있나니, 앞에 칠지를 모아 팔지에 들어가는[11] 방편을 삼은 것이다. 네 번째는 제 십지 초에 방편으로 지위가 만족함을 짓는 분分이 있나니 이것이다.[12]

---

10 원문에 여동위상접餘同位相接이라고 한 것은 삼현三賢의 같은 지위 가운데 십주十住로 십행十行에 들어가고 십행十行으로 십회향十回向에 들어가는 것이 서로 근접하기에 따로 승진勝進과 방편方便이 있다는 것이다.

11 원문에 입지入地라 한 入 자를 『잡화기』처럼 八 자로 보아 入地를 八地라 하기도 하지만 그러면 爲 자가 문제이다. 따라서 地 자를 제 팔지第八地로 보면 된다.

12 원문에 시야是也란, 功用滿에 入無功用也니 즉 공용이 가득 참에 무공용에 들어간다는 것이다.

疏

二는 方欲入地인댄 必離進趣相하야 與無分別로 爲方便故니라 就
初二品하야 前一은 化主赴機요 後品은 助化讚佛이라 今初品中에
大分十段하리니 一은 本會齊現이요 二는 不離而升이요 三은 見佛
嚴處요 四는 迎佛興供이요 五는 觀佛勝德이요 六은 請佛處殿이요
七은 如來受請이요 八은 天王獲益이요 九는 承力偈讚이요 十은
如來就坐라 今初也라 初言神力은 即是遍因이니 未必起神境通
이라 但是修成心自在力이라 十方已下는 辨所現相이니 於中에 亦
有化主助化라 望第四會인댄 旣加及須彌頂하니 此亦應云호대 坐
於樹下와 及須彌頂과 夜摩天宮이로대 文無者略이라 以第二段中
에 帶前升後나 旣全擧前四인댄 則影顯前四에 皆圓遍也니라 而演
說者는 亦通四會之所說也니라

두 번째는 바야흐로 십지에 들어가고자 한다면 반드시 진취進趣의
모습을 떠나 무분별로 더불어 방편을 삼는 까닭이다.
처음 두 품에 나아가서 앞에 한 품은 화주化主[13]가 근기에 나아가는
것이요
뒤에 한 품은 화주를 도와[14] 부처님을 찬탄하는[15] 것이다.

---

[13] 원문에 화주化主는 불佛이다.

[14] 원문에 조화助化는 보살菩薩이다.

[15] 원문에 조화찬불助化讚佛이란, 오직 고덕古德의 뜻을 가리킨 것이고, 신의新意
는 생략하였다.

지금 처음 품 가운데 크게 십단으로 나누리니

첫 번째는 본회本會가 가지런히 나타나는 것이요

두 번째는 여기를 떠나지 않고 도솔천에 오르는 것이요

세 번째는 부처님을 친견하고 처소를 장엄하는 것이요

네 번째는 부처님을 맞이하고 공양구를 일으키는 것이요

다섯 번째는 부처님의 수승한 공덕을 보는 것이요

여섯 번째는 부처님이 천궁에 거처하기를 청하는 것이요

일곱 번째는 여래가 청함을 받아들이는 것이요

여덟 번째는 천왕이 이익을 얻는 것이요

아홉 번째는 위신력을 받아 게송으로 찬탄하는 것이요

열 번째는 여래가 자리에 나아가는 것이다.

지금은 처음으로 처음에 위신력이라고 말한 것은 곧 이것은 원인에
두루한 것이니,

반드시 신비한 경계의 신통력(通力)[16]을 일으키는 것이 아니라 다만
이 마음의 자재한 힘을 닦아 이룰 뿐이다.

시방이라고 한 이하는 나타내는 바 모습을 분별한 것이니,

그 가운데 또한 화주와 화주를 도우는 이가 있다.

제사회를 바라본다면 이미 그리고 수미정상에[17] 앉아 계신다고 한
것을 더하였으니,

---

16 원문에 신경통神境通이란, 신변부사의神變不思議한 경계境界를 만들어 내는
  신통력이다.

17 원문에 及 자가 妙가 있다. 즉 보리수 아래와 그리고 수미정상이라는 것이다.

여기에서도 또한 응당 말하기를 보리수 아래와 그리고 수미정상과
야마천궁에 앉아 계신다고 해야 할 것이지만 경문에 이 말이 없는
것은 생략된 것이다.
제 이단[18] 가운데 앞의 회를 띠고 뒤의 회에 오르는 것이지만, 이미
앞의 사회四會를 온전히 거론하였다면 곧 앞의 사회에 다 원만하게
두루한 것을 그윽이 나타낸 것이다.

법을 연설한다고 한 것은 또한 앞의 사회에서 설한 바에 통하는
것이다.

鈔

未必起神境通等者는 此亦卽前第十二經初에 各隨其類하야 爲現
神通이라하니라 餘說四會等은 例前可知라

반드시 신비한 경계의 신통력을 일으키는 것이 아니라고 한 등은
이것도 또한[19] 곧 앞의 제 십이경 초에 각각 그 유형을 따라 신통을
나타낸다 한 것이다.
나머지 사회를 설한 등은 앞에 말을 비례하면 가히 알 수가 있을
것이다.

---

18 제 이단第二段은 영인본 화엄 7책, p.235, 8행이다.
19 이것도 또한 운운한 것은 소문의 뜻 밖에 또 다른 뜻이니, 앞의 신비한
   경계의 신통력과 같지만 스스로 이것은 또 다른 뜻이기에 그런 까닭으로
   또(亦)라는 말을 이루는 것이다. 역시 『잡화기』의 말이다.

經

爾時에 世尊이 復以神力으로 不離於此菩提樹下와 及須彌頂과
夜摩天宮하시고 而往詣於兜率陀天의 一切妙寶所莊嚴殿하시니

그때에 세존이 다시 위신력으로써 이 보리수 아래와 그리고 수미정
상과 야마천궁을 떠나지 않으시고 도솔천의 일체 묘한 보배로
장엄한 바 궁전에 가 이르시니

疏

第二에 爾時下는 明不離而升이니 謂前十方一切處에 四會가 皆
儼然不散하고 而升此說이라 意는 明橫遍十方하고 豎該九會하야
佛法界身이 遍時處故라 餘義는 具如第三會初하니라

제 두 번째 그때라고 한 아래는 떠나지 않고 오르심을 밝힌 것이니,
말하자면 앞의 시방 일체 처소에 사회四會가 다 엄연히 흩어지지
않고 이 도솔천에 오르신 것을 말한 것이다.
그 뜻은 횡으로 시방에 두루하고 수로 구회를 갖추어 부처님의
법계 몸이 시간과 처소에 두루함을 밝힌 까닭이다.
나머지 뜻은 제삼회 초에서 갖추어 설한 것과 같다.

經

時에 兜率天王이 遙見佛來하고 卽於殿上에 敷摩尼藏의 師子之
座하니 其師子座가 天諸妙寶之所集成이며 過去修行善根所得
이며 一切如來神力所現이며 無量百千億那由他阿僧祇善根所
生이며 一切如來淨法所起며 無邊福力之所嚴瑩이며 淸淨業報
로 不可沮壞며 觀者欣樂하야 無所厭足이며 是出世法으로 非世
所染이며 一切衆生이 咸來觀察하야도 無有能得究其妙好하니라

그때에 도솔천왕이 멀리서 부처님이 오심을 보고 곧 궁전 위에
마니 창고 사자의 자리를 펴니
그 사자의 자리가 하늘의 모든 묘한 보배로 모아 이룬 바이며
과거에 수행한 선근으로 얻은 바이며
일체 여래의 위신력으로 시현한 바이며
한량없는 백천억 나유타 아승지 선근으로 생기한 바이며
일체 여래의 청정한 법으로 생기한 바이며
끝없는 복덕의 힘으로 장엄하여 밝게 한 바이며
청정한 업보로 가히 무너뜨릴 수 없으며
보는 사람이 기뻐하고 좋아하여 싫어하거나 만족함이 없으며
이것은 출세간법으로 세간에 물드는 바가 되지 아니하며
일체중생이 다 와서 관찰하여도 능히 그 묘호妙好함을 궁구할
수 없었습니다.

疏

第三에 時兜率下는 見佛嚴處中二니 初는 明感應緣會요 二에 卽
於已下는 正顯嚴處라 於中分二하리니 先은 明一方嚴處요 後는
結通十方이라 今初라 初雖標座나 下列樓帳等은 皆兼處嚴이라
文分爲二하리니 初는 總顯體德이요 後에 有百萬下는 別明體用이
라 今初에 有十一句하니 初總餘別이라 總中에 無盡大願으로 隨意
出生하고 悲智必俱하야 生死無染이 名摩尼藏이요 展行彌布일새
故有敷言이라 別有十種의 圓滿勝相하니 以斯妙座로 實德成故니
라 初一은 自體相이니 以實成故라 次六은 因相이니 一은 深遠相이
요 二는 勝妙相이요 三은 廣大相이요 四는 同體相이요 五는 具德相
이요 六은 堅固相이라 後三은 總顯殊特이니 卽座之德用이니 一은
端嚴故요 二는 離染故요 三은 無極故라

제 세 번째 그때에 도솔천왕이라고 한 아래는 부처님을 친견하고
처소를 장엄하는 가운데 두 가지가 있나니
처음에는 감응하는 인연이 모인 것을 밝힌 것이요
두 번째 곧 궁전 위에라고 한 이하는 처소를 장엄하는 것을 바로
나타낸 것이다.
그 가운데 두 가지로 나누리니
먼저는 일방一方에 처소를 장엄하는 것을 밝힌 것이요
뒤에는 시방十方에 처소를 장엄하는 것을 맺어서 통석한 것이다.

지금은 처음으로 처음에 비록 자리를 표하였지만 아래에 누각[20]과 휘장[21] 등을 나열한 것은 다 처소를 장엄한 것을 겸하고 있다.

경문을 나누어 두 가지로 하리니
처음에는 자체의 공덕을 한꺼번에 나타낸 것이요
뒤에 백만억 층계가 있다고 한 아래는 자체와 작용을 따로 밝힌 것이다.
지금은 처음으로 열한 구절이 있나니
처음 구절은 총구요,
나머지 구절은 별구이다.

총구 가운데 끝없는 큰 서원으로 뜻을 따라 출생하고 자비와 지혜를 반드시 함께하여 생사에 물들지 않는 것이 이름이 마니장이요 행을 펴되 널리 펴기에 그런 까닭으로 편다는 말이 있는 것이다.

별구에는 열 가지 원만하고 수승한 모습이 있나니
이 묘한 자리로써 진실한 공덕을 이루는 까닭이다.
처음에 한 구절은 자체의 모습이니
보배로써 이루는 까닭이다.
다음에 여섯 구절은 원인의 모습이니

---

20 누각은 영인본 화엄 7책, p.239, 1행이다.
21 휘장은 영인본 화엄 7책, p.237, 8행이다.

첫 번째 구절은 깊고 먼 모습이요

두 번째 구절은 수승하고 묘한 모습이요

세 번째 구절은 넓고 큰 모습이요

네 번째 구절은 자체가 같은 모습이요

다섯 번째 구절은 공덕을 구족한 모습이요

여섯 번째 구절은 견고한 모습이다.

뒤에 세 구절은 모두 수특함을 나타낸 것이니

곧 사자자리의 덕용이니

첫 번째 구절은 단정히 장엄한 까닭이요

두 번째 구절은 물듦을 떠난 까닭이요

세 번째 구절은 종극이 없는 까닭이다.

經

有百萬億層級가 周匝圍遶하며 百萬億金網과 百萬億華帳과 百萬億寶帳과 百萬億鬘帳과 百萬億香帳으로 張施其上하고 華鬘垂下하야 香氣普熏하며 百萬億華蓋와 百萬億鬘蓋와 百萬億寶蓋를 諸天執持하야 四面行列하며 百萬億寶衣로 以敷其上하며

또 백만억 층계가 두루 돌아 에워쌓으며
백만억 황금 그물과 백만억 꽃 휘장과 백만억 보배 휘장과 백만억 꽃다발 휘장과 백만억 향 휘장으로 그 위에 펴서 시설하고 꽃다발을 아래로 내려 향기를 널리 풍기며
백만억 꽃 일산과 백만억 꽃다발 일산과 백만억 보배 일산을 모든 하늘이 잡아 가져 사면四面에서 행렬하였으며
백만억 보배 옷으로 그 위에 폈으며

疏

二에 別明體用中에 通有三百二種百萬億하야 廣上三段호대 卽爲三別하니 初는 廣自體요 次에 有百萬億初發心下는 廣前殊特이요 三에 百萬億善根下는 廣前因相이라 初一은 多明器世間嚴이요 後二는 顯衆生世間嚴이니 皆智正覺世間之力也라 皆言百萬億者는 位增十行之百萬故니라 初中에 長分爲十하리니 前九는 色相嚴이요 後一은 音聲嚴이라 其一一嚴事가 皆卽法門이니 可以意得

이라 第一에 有十句는 座體嚴이라 於中初句는 辨座層級이요 後九
는 覆座之嚴이니 雖四面으로 行列執蓋라도 亦爲覆座니라

두 번째 자체와 작용을 따로 밝히는 가운데 모두 삼백두 가지[22]
백만억이 있어서 위에 삼단三段을 광설하되 곧 세 가지로 다르게
하였으니
처음에는 앞에 자체[23]를 광설한 것이요
다음에 또 백만억[24] 초발심주보살이라고 한 아래는 앞에 수특함[25]을
광설한 것이요
세 번째 백만억 선근이라고 한 아래는 앞에 원인의 모습[26]을 광설한
것이다.
처음에 일단은 다분히 기세간 장엄을 밝힌 것이요
뒤에 이단은 중생세간 장엄을 나타낸 것이니
다 지정각세간의 힘이다.
다 백만억이라고 말한 것은 지위가 십행의 백만보다 증승한 까닭
이다.

처음 가운데 길게 나누어 열 가지로 하리니

---

22 원문에 二百九十九種은 三百二種이라야 옳다. 북장에는 삼백이종이다.
23 원문에 자체自體는 영인본 화엄 7책, p.237, 4행이다.
24 원문에 차유백만억次有百萬億 운운은 영인본 화엄 7책, p.252, 1행이다.
25 원문에 수특殊特은 영인본 화엄 7책, p.237, 6행이다.
26 원문에 인상因相은 영인본 화엄 7책, p.237, 4행이다.

앞에 아홉 가지는 색상 장엄이요
뒤에 한 가지는 음성 장엄이다.
그 낱낱 장엄의 일이 다 곧 법문이니,
가히 뜻으로써 얻을 수 있을 것이다.

처음에 열 구절이 있는 것은 자리 자체의 장엄이다.
그 가운데 처음 구절은 사자자리의 층계를 분별한 것이요
뒤에 아홉 구절은 사자자리를 덮는 장엄이니,
비록 사면으로 행렬하여 일산을 잡고 있을지라도 또한 사자자리를
덮는 것이 된다.

經

百萬億樓閣이 綺煥莊嚴하며 百萬億摩尼網과 百萬億寶網으로
彌覆其上하며 百萬億寶瓔珞網으로 四面垂下하며 百萬億莊嚴
具網과 百萬億蓋網과 百萬億衣網과 百萬億寶帳網으로 以張其
上하며 百萬億寶蓮華網엔 開敷光榮하며 百萬億寶香網엔 其香
美妙하야 稱悅衆心케하며

백만억 누각이 아름답고 빛나게 장엄되었으며
백만억 마니 그물과 백만억 보배 그물로 그 위에 두루 덮었으며
백만억 보배 영락 그물로 사면에서 아래로 내렸으며
백만억 장엄구 그물과 백만억 일산 그물과 백만억 옷 그물과 백만억
보배 휘장 그물로 그 위에 펴서 시설하였으며
백만억 보배 연꽃 그물에는 꽃이 피어 찬란하게 빛나며
백만억 보배 향 그물에는 그 향기가 미묘하여 대중의 마음에 칭합하
여 기쁘게 하며

疏

第二에 樓閣下十句는 復於殿內에 建立樓閣하야 繞座莊嚴이니
亦是嚴處라 於中初句는 總이요 下九句는 別顯嚴閣이라

제 두 번째 누각이라고 한 아래에 열 구절은 다시 궁전 안에 누각을
건립하여 사자자리를 에워싸고 장엄한 것이니

또한 이것은 처소를 장엄한 것이다.

그 가운데 처음 구절은 총구요

아래에 아홉 구절은 누각 장엄한 것을 따로 나타낸 것이다.

經

百萬億寶鈴帳엔 其鈴微動에 出和雅音하며 百萬億栴檀寶帳엔 香氣普熏하며 百萬億寶華帳엔 其華敷榮하며 百萬億衆妙色衣 帳은 世所希有며 百萬億菩薩帳과 百萬億雜色帳과 百萬億眞金 帳과 百萬億瑠璃帳과 百萬億種種寶帳으로 悉張其上하며 百萬 億一切寶帳엔 大摩尼寶로 以爲莊嚴하며

백만억 보배 풍경 휘장에는 그 풍경이 미동함에 평화롭고 맑은 소리를 내며
백만억 전단 보배 휘장에는 향기가 널리 풍기며
백만억 보배 연꽃 휘장에는 그 연꽃이 아름답게 피었으며
백만억 수많은 묘한 색깔 옷 휘장은 세상에 드물게 있는 바이며
백만억 보살 휘장과 백만억 잡색 휘장과 백만억 진금 휘장과 백만억 유리 휘장과 백만억 가지가지 보배 휘장으로 그 위에 다 펴서 시설하였으며
백만억 일체 보배 휘장에는 큰 마니 보배로 장엄하였으며

疏

第三에 寶鈴帳下에 十句는 辨帳嚴이라 亦是繞座니 前已辨覆故니 라 若重辨者인댄 帳上建樓하고 樓上覆帳하야 重重無盡耳니라

제 세 번째 보배 풍경 휘장이라고 한 아래에 열 구절은 휘장으로

장엄한 것을 분별한 것이다.

또한 이것은 사자자리를 에워싼 것을 장엄한 것이니,

앞[27]에서 이미 자리를 덮었다고 한 것을 분별한 까닭이다.

만약 거듭 분별한다면 휘장 위에 누각을 건립하고 누각 위에 휘장을

덮어 중중으로 끝이 없는 것이다.

---

27 앞이란, 영인본 화엄 7책, p.238, 9행이다.

經

百萬億妙寶華로 周匝瑩飾하며 百萬億頻婆帳으로 殊妙間錯하며 百萬億寶鬘과 百萬億香鬘으로 四面垂下하며 百萬億天堅固香엔 其香普熏하며 百萬億天莊嚴具瓔珞과 百萬億寶華瓔珞과 百萬億勝藏寶瓔珞과 百萬億摩尼寶瓔珞과 百萬億海摩尼寶瓔珞으로 莊嚴座身하며 百萬億妙寶繒綵로 以爲垂帶하며

백만억 묘한 보배 꽃으로 두루 돌아 아름답게 꾸몄으며
백만억 빈바 휘장으로 수특하고 묘하게 사이에 섞였으며
백만억 보배 꽃다발과 백만억 향 꽃다발로 사면에서 아래로 내렸으며
백만억 하늘의 견고한 향에는 그 향기가 널리 풍기며
백만억 하늘 장엄구 영락과 백만억 보배 꽃 영락과 백만억 수승한 창고 보배 영락과 백만억 마니 보배 영락과 백만억 바다 마니 보배 영락으로 사자자리의 전신을 장엄하였으며
백만억 묘한 보배 비단으로 띠를 하여 내렸으며

疏

第四에 妙寶華下에 有十一句는 辨嚴座身이라 其頻婆帳은 應在寶華之前하야사 類例穩便하리라 亦可二句는 辨帳이요 九句는 嚴座身이라 頻婆者는 此云身影質이니 謂帳莊嚴具中에 現外質之

影故니라

제 네 번째 묘한 보배 꽃이라고 한 아래에 열한 구절이 있는 것은 사자자리의 전신을 장엄하는 것을 분별한 것이다.

그 빈바 휘장은 응당 보배 꽃 앞에 있어야 유예類例가 온화하고 편리할 것이다.[28]

또한 가히 두 구절[29]은 휘장을 분별한 것이요

아홉 구절은 사자자리의 전신을 장엄한 것이다.

빈바라고 한 것은 여기에서 말하면 몸의 그림자 바탕이니,

말하자면 휘장의 장엄기구 가운데 바깥 바탕의 그림자를 나타내는 까닭이다.

---

28 유예가 온화하고 편리할 것이라고 한 것은 응당 반드시 먼저 빈바 휘장(頻婆帳)으로써 그 몸을 장엄한 연후에 바야흐로 보배 꽃(제일구) 등으로써 장식하는 까닭이다. 역시 『잡화기』의 말이다.

29 十二의 十 자는 衍字인 듯. 그렇다면 二句는 第一句와 第二句이다. 만약 十二句라고 인정한다면 여기 第四段 가운데 第一句, 第二句를 第三段으로 보내면 즉 第三段은 十二句가 되고 此第四段은 九句가 되는 것이다.

經

百萬億因陀羅金剛寶와 百萬億自在摩尼寶와 百萬億妙色眞
金藏으로 以爲間飾하며 百萬億毘盧遮那摩尼寶와 百萬億因陀
羅摩尼寶가 光明照耀하며 百萬億天堅固摩尼寶로 以爲窓牖하
며 百萬億淸淨功德摩尼寶가 彰施妙色하며 百萬億淸淨妙藏寶
로 以爲門闥하며 百萬億世中에 最勝半月寶와 百萬億離垢藏摩
尼寶와 百萬億師子面摩尼寶로 間錯莊嚴하며 百萬億心王摩尼
寶가 所求如意하며 百萬億閻浮檀摩尼寶와 百萬億淸淨藏摩尼
寶와 百萬億帝幢摩尼寶가 咸放光明하야 彌覆其上하며 百萬億
白銀藏摩尼寶와 百萬億須彌幢摩尼寶로 莊嚴其藏하며

백만억 인다라 금강 보배와 백만억 자재 마니 보배와 백만억 묘한
색의 진금 창고로 그 사이에 꾸몄으며
백만억 비로자나 마니 보배와 백만억 인다라 마니 보배가 광명을
비추며
백만억 하늘에 견고한 마니 보배로 창문이 되었으며
백만억 청정한 공덕의 마니 보배가 묘한 색을 밝게 시여하며
백만억 청정하고 묘한 창고 보배로 문이 되었으며
백만억 세계 가운데 가장 수승한 반달 보배와 백만억 때를 떠난
창고 마니 보배와 백만억 사자 얼굴 마니 보배로 사이에 섞어
장엄하였으며
백만억 심왕 마니 보배가 구하는 바가 뜻대로 되며

백만억 염부단 마니 보배와 백만억 청정한 창고 마니 보배와 백만억 제석천 당기의 마니 보배가 다 광명을 놓아 그 위에 두루 덮었으며 백만억 백은白銀 창고 마니 보배와 백만억 수미당기 마니 보배로 그 마니 창고[30] 사자의 자리를 장엄하였으며

疏

第五에 因陀羅金剛寶下에 有十七句는 亦嚴座四周니 皆明妙寶로 以爲窓門하고 及覆하며 亦嚴座體니라 以莊嚴其藏은 是蓮華藏故라 標中表法이 有異住行일새 不言蓮華어니와 理實應有리라 或是座身之龕을 名藏이라

제 다섯 번째 인다라 금강 보배라고 한 아래에 열일곱 구절이 있는 것은 또한 자리를 사방으로 두루 장엄한 것이니,
다 묘한 보배로 창문이 되고 그리고 자리를 덮었으며 또한 자리 자체를 장엄한 것을 밝힌 것이다.
그 창고를 장엄했다고 한 것은 이것은 연화장 창고인 까닭이다.
표하는 가운데[31] 십회향의 법이 십주와 십행과는 다름이 있음을

---

30 원문에 기장其藏이란, 마니장사자지坐摩尼藏師子之座이다. 소문엔 연화장蓮華藏이라 하였으니 연화장사자坐蓮華藏師子座이다.

31 표하는 가운데 운운한 것은 표하는 가운데 마니 보배 창고(마니 보배로 그 창고를 장엄했다고 한 것이니 세 줄 앞의 경문이다)라고 말한 것은 마니는 이것은 능히 장엄하는 것이고 창고는 이것은 장엄할 바이니, 곧 마니로 장엄할 바 창고라면 마니가 곧 창고인 까닭으로 창고는 연화장 창고이다. 역시

표하기에 연화장을 말하지 아니하였거니와[32] 이치로는 진실로 응당 있어야 할 것이다.

혹은 이 부처님의 몸이 자리하는 감실[33]을 창고(藏)라 이름하기도 한다.

『잡화기』의 말이다.

32 원문에 불언연화不言蓮華라고 한 것은 구체적으로는 십행十行에서는 연화장蓮華藏을 말하였고, 십주十住에서도 또한 연화장蓮華藏을 말하지 아니하였다.

33 원문에 감龕은 불단佛壇으로 보기도 한다.

經

百萬億眞珠瓔珞과 百萬億瑠璃瓔珞과 百萬億赤色寶瓔珞과 百萬億摩尼瓔珞과 百萬億寶光明瓔珞과 百萬億種種藏摩尼瓔珞과 百萬億甚可樂見赤眞珠瓔珞과 百萬億無邊色相摩尼寶瓔珞과 百萬億極淸淨無比寶瓔珞과 百萬億勝光明摩尼寶瓔珞으로 周匝垂布하야 以爲莊嚴하며 百萬億摩尼身瓔珞으로 殊妙嚴飾하며 百萬億因陀羅妙色寶瓔珞으로 以爲莊嚴하며

백만억 진주 영락과 백만억 유리 영락과 백만억 적색 보배 영락과 백만억 마니 영락과 백만억 보배광명 영락과 백만억 가지가지 창고 마니 영락과 백만억 매우 가히 좋아하고 볼만한 적진주 영락과 백만억 끝없는 색상의 마니 보배 영락과 백만억 지극히 청정하여 비교할 데 없는 보배 영락과 백만억 수승한 광명의 마니 보배 영락으로 두루 돌아 내려 펴서 장엄하였으며
백만억 마니 몸에 영락[34]으로 수특하고 묘하게 장엄하여 꾸몄으며
백만억 인다라 묘한 색 보배[35] 영락으로 장엄하였으며

疏

第六에 眞珠瓔珞下에 十二句는 瓔珞周垂嚴이라 其摩尼身下二

---

34 원문 마니신摩尼身 아래에 영락瓔珞 두 글자가 있어야 한다.
35 원문 묘색보妙色寶 아래에 영락瓔珞으로 이위장엄以爲莊嚴이라는 글자가 있어야 한다.

句는 文似闕略이니 謂因陀羅妙色寶下에 無所結屬이라 又非下
之香類요 不可別爲一段이라

제 여섯 번째 진주 영락이라고 한 아래에 열두 구절은 영락으로
두루 내려 장엄한 것이다.
그 마니 몸 아래에 두 구절[36]은 경문이 빠지고 생략된 것 같나니,[37]
말하자면 인다라 묘한 색 보배라고 한 아래에 결속하는 바 말이
없다.
또 그렇다고 아래 향香의 유형도 아니고[38] 가히 따로 한 단을 삼을
것도 아니다.

---

36 원문에 기마니신하이구其摩尼身下二句는 문사궐략文似闕略이라고 한 것은 마
　니신摩尼身 아래에 영락瓔珞 두 글자가 빠졌고(闕), 묘색보妙色寶 아래에 영락
　이위장엄瓔珞以爲莊嚴 여섯 글자인 결속어結屬語가 생략(略)되었다. 따라서
　闕과 略을 구분하고 있다. 나는 보증하여 번역하였다.

37 그러나 『잡화기』에는 경문이 빠지고 생략된 것 같다고 한 것은, 上句의
　수특하고 묘하게 장엄하여 꾸몄다고 한 것은 또한 결속어가 아니니, 이것은
　마니 몸의 분상에 수특하고 묘하게 장엄하여 꾸민 것을 말하는 까닭이다.
　혹은 말하기를 上句에는 비록 결속어가 있으나 그러나 다만 영락이 빠졌고,
　下句에는 영락과 그리고 결속어가 함께 빠졌다 하나, 소문을 자세히 보면
　곧 이와 같지 않을까 염려한다 하였다.

38 또 그렇다고 아래 향香의 유형도 아니라고 운운한 것은 그 뜻에 말하기를
　이 두 구절(마니 몸 아래 두 구절)로써 하단下段에 결속하고자 한다면 곧 이것은
　아래 향의 유형이 아닌 까닭으로 가히 나누어 별단別段을 삼아 하단 문장에
　결속할 수 없는 것이다. 역시 『잡화기』의 말이다.

經

百萬億黑栴檀香과 百萬億不思議境界香과 百萬億十方妙香
과 百萬億最勝香과 百萬億甚可愛樂香이 咸發香氣하야 普熏十
方하며 百萬億頻婆羅香이 普散十方하며 百萬億淨光香이 普熏
衆生하며 百萬億無邊際種種色香이 普熏一切諸佛國土하야 永
不歇滅하며 百萬億塗香과 百萬億熏香과 百萬億燒香이 香氣發
越하야 普熏一切하며 百萬億蓮華沈水香이 出大音聲하며 百萬
億遊戲香이 能轉衆心하며 百萬億阿樓那香이 香氣普熏하니 其
味甘美하며 百萬億能開悟香이 普遍一切하야 令其聞者로 諸根
寂靜하며 復有百萬億無比香王香하야 種種莊嚴하며

백만억 흑전단향과 백만억 사의할 수 없는 경계향과 백만억 시방의
묘한 향과 백만억 최고 수승한 향과 백만억 매우 가히 사랑하고
좋아하는 향이 다 향기를 일으켜 시방에 널리 풍기며
백만억 빈바라향이 시방에 널리 흩어지며
백만억 청정한 광명의 향이 중생에게 널리 풍기며
백만억 끝없는 가지가지 색의 향이 일체 모든 부처님의 국토에
널리 풍기어 영원히 다하여 사라지지 아니하며
백만억 바르는 향과 백만억 풍기는 향과 백만억 태우는 향이 향기
를 일으켜 일체에 널리 풍기며
백만억 연꽃 침수향이 큰 음성을 내며
백만억 노니는 향이 능히 중생의 마음을 전轉하며

백만억 아루나향이 향기를 널리 풍기니 그 맛이 감미롭고 아름다
우며

백만억 능히 열어 깨닫게 하는 향이 일체에 널리 두루하여 그
향기를 맡는 사람으로 하여금 육근이 고요하게 하며

다시 백만억 비교할 데 없는 향의 왕인 향이 있어서 가지가지로
장엄하였으며

疏

第七에 黑栴檀下에 有十六句는 以香爲嚴이라 阿樓那者는 此云
紅赤色이라

제 일곱 번째 흑전단향이라고 한 아래에 열여섯 구절이 있는 것은
향으로써 장엄한 것이다.

아루나라고 한 것은 여기에서 말하면 홍적색紅赤色이다.

經

雨百萬億天華雲하며 雨百萬億天香雲하며 雨百萬億天末香雲
하며 雨百萬億天拘蘇摩華雲하며 雨百萬億天波頭摩華雲하며
雨百萬億天優鉢羅華雲하며 雨百萬億天拘物頭華雲하며 雨百
萬億天芬陀利華雲하며 雨百萬億天曼陀羅華雲하며 雨百萬億
一切天華雲하며 雨百萬億天衣雲하며 雨百萬億天摩尼寶雲하
며 雨百萬億天蓋雲하며 雨百萬億天幡雲하며 雨百萬億天冠雲
하며 雨百萬億天莊嚴具雲하며 雨百萬億天寶鬘雲하며 雨百萬
億天寶瓔珞雲하며 雨百萬億天栴檀香雲하며 雨百萬億天沈水
香雲하며

백만억 하늘의 꽃구름을 비 내리며
백만억 하늘의 향 구름을 비 내리며
백만억 하늘의 가루향 구름을 비 내리며
백만억 하늘의 구소마 꽃구름을 비 내리며
백만억 하늘의 파두마 꽃구름을 비 내리며
백만억 하늘의 우발라 꽃구름을 비 내리며
백만억 하늘의 구물두 꽃구름을 비 내리며
백만억 하늘의 분타리 꽃구름을 비 내리며
백만억 하늘의 만다라 꽃구름을 비 내리며
백만억 일체 하늘의 꽃구름을 비 내리며
백만억 하늘의 옷 구름을 비 내리며

백만억[39] 하늘의 마니 보배 구름을 비 내리며

백만억 하늘의 일산 구름을 비 내리며

백만억 하늘의 깃발 구름을 비 내리며

백만억 하늘의 의관 구름을 비 내리며

백만억 하늘의 장엄구 구름을 비 내리며

백만억 하늘의 보배 꽃다발 구름을 비 내리며

백만억 하늘의 보배 영락 구름을 비 내리며

백만억 하늘의 전단향 구름을 비 내리며

백만억 하늘의 침수향 구름을 비 내리며

疏

第八에 雨百萬下에 二十句는 雨雲爲嚴이라

제 여덟 번째 백만억 하늘의 꽃구름을 비 내린다고 한 아래에 이십 구절은 구름을 비 내려 장엄한 것이다.

---

39 백만억하百萬億下에 天 자가 있어야 한다.

經

建百萬億寶幢하며 懸百萬億寶幡하며 垂百萬億寶繒帶하며 然
百萬億寶香爐하며 布百萬億寶鬘하며 持百萬億寶扇하며 執百
萬億寶拂하며 懸百萬億寶鈴網하야 微風吹動에 出妙音聲하며
百萬億寶欄楯이 周匝圍遶하며 百萬億寶多羅樹가 次第行列하
며 百萬億妙寶窓牖가 綺麗莊嚴하며 百萬億寶樹가 周匝垂陰하
며 百萬億樓閣이 延裛綺飾하며 百萬億寶門에 垂布瓔珞하며 百
萬億金鈴이 出妙音聲하며 百萬億吉祥相瓔珞이 嚴淨垂下하며
百萬億寶悉底迦가 能除衆惡하며 百萬億金藏이 金縷織成하며
百萬億寶蓋가 衆寶爲竿하야 執持行列하며 百萬億一切寶莊嚴
具網이 間錯莊嚴하며 百萬億光明寶가 放種種光하며 百萬億光
明이 周遍照耀하며 百萬億日藏輪과 百萬億月藏輪이 並無量色
寶로 之所集成이며 百萬億香焰이 光明映徹하며 百萬億蓮華藏
이 開敷鮮榮하며 百萬億寶網과 百萬億華網과 百萬億香網이 彌
覆其上하며 百萬億天寶衣와 百萬億天靑色衣와 百萬億天黃色
衣와 百萬億天赤色衣와 百萬億天奇妙色衣와 百萬億天種種
寶奇妙衣와 百萬億種種香熏衣와 百萬億一切寶所成衣와 百
萬億鮮白衣가 悉善敷布하야 見者歡喜하며 百萬億天鈴幢과 百
萬億金網幢이 出微妙音하며 百萬億天繒幢이 衆彩具足하며 百
萬億香幢이 垂布香網하며 百萬億華幢이 雨一切華하며 百萬億
天衣幢이 懸布妙衣하며 百萬億天摩尼寶幢이 衆寶莊嚴하며 百

萬億天莊嚴具幢이 衆具校飾하며 百萬億天鬘幢이 種種華鬘으로 四面行布하며 百萬億天蓋幢이 寶鈴和鳴하야 聞皆歡喜하며

백만억 보배 당기를 건립하며
백만억 보배 깃발을 달며
백만억 보배 비단 띠를 내리며
백만억[40] 보배 향로를 태우며
백만억 보배 꽃다발을 펴며
백만억 보배 부채를 가지며
백만억 보배 불자拂子를 잡으며
백만억 보배 풍경 그물을 달아 미풍이 불어 움직임에 묘한 소리를 내며
백만억 보배 난간이 두루 돌아 에워쌌으며
백만억 보배 다라 나무가 차례로 행렬하였으며
백만억 묘한 보배 창문이 아름답고 화려하게 장엄하였으며
백만억 보배 나무가 두루 돌아 그늘을 내렸으며
백만억 누각이 가로세로[41] 아름답게 꾸몄으며
백만억 보배 문에 영락을 내려 폈으며
백만억 황금 풍경이 묘한 소리를 내며
백만억 길상의 모양 영락이 장엄하고 맑게 아래로 내렸으며

---

40 백만억百萬億 아래에 寶 자가 있어야 한다.
41 延袤는 延은 길이 연, 이것은 橫의 길이이다. 袤는 길이 무, 이것은 縱의 길이이다.

백만억 보배 실저가悉底迦가 능히 수많은 악을 제멸하며

백만억 황금 창고가 황금실로 짜 만들었으며

백만억 보배 일산이 수많은 보배로 간대가 되어 잡고 행렬하였으며

백만억 일체 보배 장엄구 그물이 사이에 섞이어 장엄하였으며

백만억 광명 보배가 가지가지 광명을 놓으며

백만억 광명이 두루 비추며

백만억 태양 창고 바퀴와 백만억 달 창고 바퀴가 모두 한량없는 색상의 보배로 모아서 이룬 바이며

백만억 향 불꽃이 광명이 비치어 사무치며

백만억 연꽃 창고가 피어 아름답고 번성하며

백만억 보배 그물과 백만억 꽃 그물과 백만억 향 그물이 그 위에 두루 덮었으며

백만억 하늘의 보배 옷과 백만억 하늘의 푸른색 옷과 백만억 하늘의 노란색 옷과 백만억 하늘의 붉은색 옷과 백만억 하늘의 기묘한 색옷과 백만억 하늘의 가지가지 보배 기묘한 옷과 백만억 가지가지 향기 풍기는 옷과 백만억 일체 보배로 이룬 바 옷과 백만억 아름다운 흰옷이 모두 잘 펼쳐 있어 보는 사람이 기뻐하며

백만억 하늘의 풍경 당기와 백만억 황금 그물 당기가 미묘한 소리를 내며

백만억 하늘의 비단 당기가 수많은 채색을 구족하였으며

백만억 향 당기가 향의 그물을 내려 폈으며

백만억 꽃 당기가 일체 꽃을 비 내리며

백만억 하늘의 옷 당기가 묘한 옷을 달아 폈으며

백만억 하늘의 마니 보배 당기가 수많은 보배로 장엄하였으며

백만억 하늘의 장엄구 당기가 수많은 기구로 장식하였으며

백만억 하늘의 꽃다발 당기가 가지가지 꽃다발로 사면에 행렬하여 펼쳐 있으며

백만억 하늘의 일산 당기가 보배 풍경으로 온화한 소리를 내어 듣는 사람이 다 기뻐하며

疏

第九에 建百萬下에 四十八句는 座外四面嚴이라 於中有四하니 初二十句는 雜雜莊嚴이니 羅列座側이라 言樓閣延袤者는 靜法云호대 梵云蒲莫迦는 此云帳輿라 若是樓閣인댄 應云微麼囊이니 卽不爾者인댄 譯之誤也라하니라 此或應爾리니 前文에 已有樓閣故어니와 若重辯者라도 亦無大失이리라 實悉底迦者는 具云塞縛悉底迦니 此云有樂이라 若見此相인댄 必獲安樂하리니 其形如萬字하니라 具於音義어니와 今實形似此니라 二에 光明寶下九句는 光明嚴이라 言網覆者는 若世之燈이 以護夕蟲하야 成隱映故니라 三에 天寶衣下九句는 寶衣敷布嚴이요 四에 天鈴幢下十句는 寶幢行列嚴이라

제 아홉 번째 백만억 보배 당기를 건립하였다고 한 아래에 사십여덟
구절은 마니장 사자자리 밖에 사면을 장엄한 것이다.

그 가운데 네 가지가 있나니

처음에 이십 구절은 섞어서 장엄한 것이니

사자자리 옆에 나열한 것이다.

누각이 가로세로 아름답게 꾸몄다고 말한 것은 정법사가 말하기를
범어에 포막가라고 한 것은 여기에서 말하면 휘장 친 수레[42]라는
뜻이다.

만약 이것이 누각이라고 한다면 응당 미마낭이라 해야 할 것이니,
곧 그렇지 않다면[43] 번역한 사람이 착오한 것이다 하였다.

이것은 혹 응당 그렇다고도 할 수 있을 것이니, 앞[44]의 경문에 이미
누각이 있은 까닭이거니와 만약 거듭 말한다 할지라도 또한 큰
허물은 없을 것이다.

보배 실저라고 한 것은 갖추어 말한다면 색박 실저가이니,
여기에서 말하면 안락함이 있다는 것이다.

만약 이 모습을 본다면 반드시 안락함을 얻을 것이니,
그 형상이 만 자萬字[45]와 같다.

---

42 고본에 轝는 輿와 같나니 '수레 여' 자이다.

43 곧 그렇지 않다면이라고 한 것은 그 뜻에 말하기를 곧 미마낭이라 말하지
않고 포막가라고 말하였다면, 곧 경에 누각이라고 말한 것은 이것은 번역한
사람의 착오이다. 역시 『잡화기』의 말이다.

44 앞이란, 영인본 화엄 7책, p.239, 8행에 帳이라 한 것이니 같은 책 p.240,
4행 소문疏文에는 누상부장樓上覆帳하야 중중무진重重無盡이라 하였다.

『화엄음의』(音義)에 갖추어 설하였거니와 지금에 보배의 형상이
이 만 자와 같다는 것이다.

두 번째 광명 보배라고 한 아래에 아홉 구절은 광명으로 장엄한
것이다.
그물이 그 위에 덮었다고 말한 것은 마치 세상에 등불이 저녁에
벌레를 얻어 은은하게 비춤을 이루는 것과 같은 까닭이다.

세 번째 하늘의 보배 옷이라고 한 아래에 아홉 구절은 보배 옷을
펼쳐 장엄한 것이요

네 번째 하늘의 풍경 당기라고 한 아래에 열 구절은 보배 당기가
행렬하여 장엄한 것이다.

---

45 萬 자는 곧 卍 자다.

經

百萬億天螺가 出妙音聲하며 百萬億天鼓가 出大音聲하며 百萬
億天箜篌가 出微妙音하며 百萬億天牟陀羅가 出大妙音하며 百
萬億天諸雜樂이 同時俱奏하며 百萬億天自在樂이 出妙音聲호
대 其聲이 普遍一切佛刹하며 百萬億天變化樂이 其聲如響하야
普應一切하며 百萬億天鼓가 因於撫擊하야 而出妙音하며 百萬
億天如意樂이 自然出聲호대 音節相和하며 百萬億天諸雜樂이
出妙音聲하야 滅諸煩惱하며 百萬億悅意音이 讚歎供養하며 百
萬億廣大音이 讚歎承事하며 百萬億甚深音이 讚歎修行하며 百
萬億衆妙音이 歎佛業果하며 百萬億微細音이 歎如實理하며 百
萬億無障礙眞實音이 歎佛本行하며 百萬億淸淨音이 讚歎過去
供養諸佛하며 百萬億法門音이 讚歎諸佛最勝無畏하며 百萬億
無量音이 歎諸菩薩功德無盡하며 百萬億菩薩地音이 讚歎開示
一切菩薩地相應行하며 百萬億無斷絶音이 歎佛功德無有斷絶
하며 百萬億隨順音이 讚歎稱揚見佛之行하며 百萬億甚深法音
이 讚歎一切法無礙智相應理하며 百萬億廣大音이 其音充滿一
切佛刹하며 百萬億無礙淸淨音이 隨其心樂하야 悉令歡喜케하
며 百萬億不住三界音이 令其聞者로 深入法性케하며 百萬億歡
喜音이 令其聞者로 心無障礙하야 深信恭敬케하며 百萬億佛境
界音이 隨所出聲하야 悉能開示一切法義하며 百萬億陀羅尼音
이 善宣一切法句差別하야 決了如來祕密之藏케하며 百萬億一

切法音이 其音和暢하야 克諧衆樂하니라

백만억 하늘의 소라[46]가 미묘한 소리를 내며

백만억 하늘의 법고가 큰 소리를 내며

백만억 하늘의 공후箜篌가 미묘한 소리를 내며

백만억 하늘의 모타라가 크고 묘한 소리를 내며

백만억 하늘의 모든 섞인 음악이 동시에 함께 연주하며

백만억 하늘의 자재한 음악이 묘한 소리를 내되 그 소리가 일체
부처님의 세계에 널리 두루하며

백만억 하늘의 변화한 음악이 그 소리가 메아리와 같아서 일체에
널리 응하며

백만억 하늘의 북이 어루만져 침을 인하여 묘한 소리를 내며

백만억 하늘의 뜻대로 되는 음악이 자연히 소리를 내되 음절이
서로 화합하며

백만억 하늘의 모든 섞인 음악이 묘한 소리를 내어 모든 번뇌를
소멸하며

백만억 마음을 기쁘게 하는 소리가 공양을 찬탄하며

백만억 광대한 소리가 받들어 섬김을 찬탄하며

백만억 깊고도 깊은 소리가 수행을 찬탄하며

백만억 수많은 묘한 소리가 부처님의 업과 과보를 찬찬하며

백만억 미세한 소리가 여실한 진리를 찬탄하며

---

46 라螺는 明本에는 蠡라 하니 같은 글자이다.

백만억 장애가 없는 진실한 소리가 부처님의 본래 수행을 찬탄하며

백만억 청정한 소리가 과거 모든 부처님께 공양한 것을 찬탄하며

백만억 법문의 소리가 모든 부처님이 가장 수승하여 두려움이 없는 것을 찬탄하며

백만억 한량없는 소리가 모든 보살의 공덕이 끝이 없는 것을 찬탄하며

백만억 보살 지위의 소리가 일체 보살의 지위로 상응하는 행을 열어 보인 것을 찬탄하며

백만억 끊어짐이 없는 소리가 부처님의 공덕이 끊어짐이 없는 것을 찬탄하며

백만억 수순하는 소리가 부처님을 친견하는 행을 찬탄하고 칭양하며

백만억 깊고도 깊은 진리의 소리가 일체법에 걸림이 없는 지혜로 상응하는 진리를 찬탄하며

백만억 광대한 소리 그 소리가 일체 부처님의 세계에 충만하며

백만억 걸림 없는 청정한 소리가 그들의 마음에 좋아함을 따라 다 하여금 환희케 하며

백만억 삼계에 머물지 않는 소리가 그 듣는 사람으로 하여금 깊이 법성에 들어가게 하며

백만억 기뻐하는 소리가 그 듣는 사람으로 하여금 마음에 장애가 없이 깊이 믿고 공경하게 하며

백만억 부처님 경계의 소리가 그 나오는 바 소리를 따라 다 능히

일체법의 의리를 열어 보이며

백만억 다라니의 소리가 일체 법구法句의 차별함을 잘 선설하여

여래의 비밀 창고를 결정코 요달하게 하며

백만억 일체 진리의 소리 그 소리가 화창하여 능히 수많은 음악에

잘 어울렸습니다.[47]

疏

第十에 天螺出妙音下는 辨音聲嚴이라 於中二니 初十句는 樂音
嚴이요 後에 悅意音下에 二十句는 法音嚴이라 前中에 云牟陀羅者
는 此云鋒鼓니 謂天樂初奏에 此鼓先作故라 後에 法音嚴中에 初
十一句는 讚歎三寶요 後에 隨順音下에 九句는 說法益物이라 別
明體用中에 初廣自體는 竟이라

제 열 번째 하늘의 소라가 미묘한 소리를 낸다고 한 아래는 소리로
장엄한 것을 분별한 것이다.

그 가운데 두 가지가 있나니

처음에 열 구절은 음악의 소리로 장엄한 것이요

뒤에 마음을 기쁘게 한다고 한 아래에 이십 구절은 진리의 소리로
장엄한 것이다.

앞에 음악의 소리로 장엄한 가운데 모타라라고 말한 것은 여기에서

---

47 諧는 '어울릴 해' 자이다.

말하면 선봉에 있는 북이니,

말하자면 하늘의 음악을 처음 연주함에 이 북을 먼저 치는 까닭이다.

뒤에 진리의 소리로 장엄한 가운데 처음에 열한 구절은 삼보를 찬탄한 것이요

뒤에 수순하는 소리라고 한 아래에 아홉 구절은 진리를 설하여 중생을 이익케 하는 것이다.

자체와 작용을 따로 밝히는 가운데 처음에 자체를 광설한 것은[48] 마친다.

---

48 처음에 자체를 광설한 것이란, 영인본 화엄 7책, p.238, 2행에 제 두 번째 자체와 작용을 따로 밝히는 가운데 삼별三別이 있는데 그 첫 번째이다.

經

有百萬億初發心菩薩이 纔見此座하고 倍更增長一切智心하며
百萬億治地菩薩이 心淨歡喜하며 百萬億修行菩薩이 悟解淸淨
하며 百萬億生貴菩薩이 住勝志樂하며 百萬億方便具足菩薩이
起大乘行하며 百萬億正心住菩薩이 勤修一切菩薩道하며 百萬
億不退菩薩이 淨修一切菩薩地하며 百萬億童眞菩薩이 得一切
菩薩三昧光明하며 百萬億法王子菩薩이 入不思議諸佛境界하
며 百萬億灌頂菩薩이 能現無量如來十力하며

또 백만억 초발심주 보살이 겨우 이 사자자리를 보고 배로 다시
일체 지혜의 마음을 증장하며
백만억 치지주 보살이 마음이 청정하여 기뻐하며
백만억 수행주 보살이 깨달아 아는 것이 청정하며
백만억 생귀주 보살이 수승한 뜻의 즐거움에 머물며
백만억 방편구족주 보살이 대승의 행을 일으키며
백만억 정심주 보살이 일체 보살의 도를 부지런히 닦으며
백만억 불퇴주 보살이 일체 보살의 지위를 청정하게 닦으며
백만억 동진주 보살이 일체 보살의 삼매광명을 얻으며
백만억 법왕자주 보살이 사의할 수 없는 모든 부처님의 경계에
들어가며
백만억 관정주 보살이 능히 한량없는 여래의 열 가지 힘을 나타내며

疏

大文第二에 廣前殊特者는 前文略云호대 見者無厭이라하니 亦已
略明益相거니와 今廣顯之하니 卽座之德用이라 恭敬供養도 復顯
爲嚴이라 文分爲二하리니 初는 明獲益이요 後는 申供養이라 前中
에 有三十九句하니 曲分爲四하리라 初十은 約位辨益이라

큰 문장 제 두 번째 앞에 수특함을 광설한 것이라고 한 것은 앞[49]의
경문에 간략하게 말하기를 보는 사람이 싫어함이 없다 하였으니,
또한 이미 이익 하는 모습을 간략하게 밝혔거니와 지금에 그 모습을
폭넓게 나타내니 곧 사자자리의 공덕 작용이다.
공경하고 공양[50]하는 것도 다시 장엄함을 나타낸 것이다.

경문을 나누어 두 가지로 하리니
처음에는 이익을 얻는 것을 밝힌 것이요
뒤에는 공양하는 뜻을 말한[51] 것이다.
앞에 이익을 얻는다고 한 가운데 삼십아홉 구절이 있나니,
자세히 나누어 네 가지로 하겠다.
처음에 열 구절은 지위를 잡아 이익을 분별한 것이다.

---

49 앞이란, 영인본 화엄 7책, p.238, 3행이다.
50 공경恭敬은 영인본 화엄 7책, p.256, 4행이고, 공양供養은 같은 책, p.257,
7행이다.
51 申은 '말할 신' 자이다.

經

百萬億菩薩이 得自在神通하며 百萬億菩薩이 生淸淨解하며 百
萬億菩薩이 心生愛樂하며 百萬億菩薩이 深信不壞하며 百萬億
菩薩이 勢力廣大하며 百萬億菩薩이 名稱增長하며 百萬億菩薩
이 演說法義하야 令智決定케하며 百萬億菩薩이 正念不亂하며
百萬億菩薩이 生決定智하며 百萬億菩薩이 得聞持力하야 持一
切佛法하며 百萬億菩薩이 出生無量廣大覺解하며 百萬億菩薩
이 安住信根하며

백만억 보살이 자재한 신통을 얻으며
백만억 보살이 청정한 지해(解)를 출생하며
백만억 보살이 마음에 사랑하고 좋아함을 출생하며
백만억 보살이 깊은 믿음이 무너지지 아니하며
백만억 보살이 세력이 넓고 크며
백만억 보살이 이름이 증장하며
백만억 보살이 법의 의리를 연설하여 지혜로 하여금 결정케 하며
백만억 보살이 바른 생각으로 산란하지 아니하며
백만억 보살이 결정한 지혜를 출생하며
백만억 보살이 듣고 받아 가지는 힘을 얻어 일체 불법을 받아
가지며
백만억 보살이 한량없이 넓고 큰 깨달음의 지해(解)를 출생하며
백만억 보살이 믿음의 뿌리에 편안히 머물며

疏

二에 得自在下에 有十二句는 雜辨得益이라

두 번째 자재한 신통을 얻는다고 한 아래에 열두 구절이 있는 것은
이익을 얻는 것을 섞어서 분별한 것이다.

經

百萬億菩薩이 得檀波羅蜜하야 能一切施하며 百萬億菩薩이 得
尸波羅蜜하야 具持衆戒하며 百萬億菩薩이 得忍波羅蜜하야 心
不妄動하야 悉能忍受一切佛法하며 百萬億菩薩이 得精進波羅
蜜하야 能行無量出離精進하며 百萬億菩薩이 得禪波羅蜜하야
具足無量禪定光明하며 百萬億菩薩이 得般若波羅蜜하야 智慧
光明이 能普照耀하며 百萬億菩薩이 成就大願하야 悉皆淸淨하
며 百萬億菩薩이 得智慧燈하야 明照法門하며 百萬億菩薩이 爲
十方諸佛의 法光所照하며 百萬億菩薩이 周遍十方하야 演離癡
法하며

백만억 보살이 보시바라밀을 얻어서 능히 일체를 보시하며
백만억 보살이 지계바라밀을 얻어서 수많은 계율을 갖추어 가지며
백만억 보살이 인욕바라밀을 얻어서 마음이 허망하게 움직이지
아니하여 다 능히 일체 불법을 참아 받으며
백만억 보살이 정진바라밀을 얻어서 능히 한량없이 벗어나는 정진
을 행하며
백만억 보살이 선정바라밀을 얻어서 한량없는 선정의 광명을 구족
하며
백만억 보살이 반야바라밀을 얻어서 지혜의 광명이 능히 널리
비치며
백만억 보살이 큰 서원을 성취하여 다 청정하며

백만억 보살이 지혜의 등을 얻어서 법문을 밝게 비추며

백만억 보살이 시방에 모든 부처님의 진리 광명으로 비추는 바가
되며

백만억 보살이 시방에 두루하여 어리석음을 떠나는 법을 연설하며

疏

三에 得檀下十句는 約行辨益이라

세 번째 보시바라밀을 얻었다고 한 아래에 열 구절은 바라밀행을
잡아 이익을 분별한 것이다.

百萬億菩薩이 普入一切諸佛刹土하며 百萬億菩薩이 法身으로 隨到一切佛國하며 百萬億菩薩이 得佛音聲하야 能廣開悟하며 百萬億菩薩이 得出生一切智方便하며 百萬億菩薩이 得成就一切法門하며 百萬億菩薩이 成就法智호대 猶如寶幢하야 能普顯示一切佛法하며 百萬億菩薩이 能悉示現如來境界하며

백만억 보살이 일체 모든 부처님의 국토에 널리 들어가며
백만억 보살이 법신으로 일체 부처님의 국토에 따라 이르며
백만억 보살이 부처님의 음성을 얻어 능히 널리 열어서 깨달으며
백만억 보살이 일체 지혜를 출생하는 방편을 얻으며
백만억 보살이 일체 법문을 성취함을 얻으며
백만억 보살이 법문의 지혜를 성취하되 마치 보배 당기와 같이하여 능히 널리 일체 불법을 현시하며
백만억 보살이 능히 다 여래의 경계를 시현하며

四에 入一切佛刹下七句는 約大用辨益이 後三은 並通諸位라 或可第二段은 明迴向이요 第三段은 明十行이요 第四段은 明十地라 或唯約十住니 通別無礙니라

네 번째 일체 모든 부처님의 국토에 널리 들어간다고 한 아래에

일곱 구절은 큰 작용을 잡아서 이익을 분별한 것이니,
뒤에 삼단은 아울러 모든 지위에 통하는 것이다.

혹은 가히[52] 제 이단은 십회향을 밝힌 것이요
제 삼단은 십행을 밝힌 것이요
제 사단은 십지를 밝힌 것이다.

혹은 오직 십주만을 잡아 말한 것이니
통석과 별석이 걸림이 없는 것이다.[53]

鈔

或可第二段은 明迴向者는 以初約位는 是十住요 三은 明十度니 全
同十行故요 二는 配迴向이요 四는 配十地니 則豎位具足이라 以第二
段中에 神通과 不壞等이 亦有迴向意고 第四段에 普入佛刹等이
亦有十地體勢일새 故爲此配어니와 由二三前却하고 二四不顯일새
故前正釋에 後三은 並通諸位라하니라 廣殊特中에 初明獲益을 曲分

---

52 원문에 혹가或可 운운은 上의 正釋 밖에 二釋이 있나니 初는 수위구족豎位具足
이요 二에 혹유약십주或唯約十住는 後三은 오직 십주十住만을 잡은 것이니
初一은 별배십주위別配十住位요 後二는 통명십주익通明十住益이다. 그런 까닭
으로 通別이 無碍라 말한 것이다.

53 통석과 별석이 걸림이 없다고 한 것은 초석初釋은 후삼後三으로 통석을 삼고
후이석後二釋은 다 별위別位에 배속하였으니, 그 뜻에 말하기를 혹 통석과
혹 별석이 방해함이 없는 것이다 하였다. 역시 『잡화기』의 말이다.

爲四는 竟이라

혹은 가히 제 이단은 십회향을 밝힌 것이라고 한 것은 처음 일단에
지위를 잡은 것은 이것은 십주요
제 삼단은 십바라밀을 밝힌 것이니
온전히 십행과 같은 까닭이요
제 이단은 십회향에 배속한 것이요
제 사단은 십지에 배속한 것이니
곧 수豎로 지위가 구족하였다.
제 이단 가운데 신통神通[54]과 무너지지 않는다[55]고 한 등이 또한
십회향의 뜻이 있고, 제 사단에 일체 모든 부처님의 국토에 널리
들어간다고 한 등이 또한 십지의 문세가 있기에 그런 까닭으로
이렇게 배속하였거니와, 제 이단[56]과 제 삼단[57]은 앞으로 서로 물리
고,[58] 제 이단과 제 사단[59]은 아직 나타내지 아니한[60] 것을 인유하기에
그런 까닭으로 앞[61]에 바로 해석함에 뒤에 삼단은 아울러 모든 지위에

---

54 신통神通은 영인본 화엄 7책, p.253, 3행, 자재신통自在神通이다.

55 원문에 불괴不壞는 영인본 화엄 7책, p.253, 4행, 심신불괴深信不壞이다.

56 제이단第二段은 십회향十回向이다.

57 제삼단第三段은 십행十行이다.

58 원문에 이삼전각二三前却이라고 한 것은 십행十行이 먼저 나와야 하는데,
   십향十向이 먼저 나오니 이삼전각二三前却이다.

59 제사단第四段은 십지十地이다. 또 제일단第一段은 십주十住이다.

60 원문에 이사불현二四不顯은 십향十向과 십지十地는 아직 미현未顯인 까닭으로
   二四不顯이라 한 것이다.

통한다 하였다.

수특함을 광설하는 가운데 처음에 이익 얻음을 밝힌 것을 자세히
나누어 네 가지로 한 것은 마친다.

---

61 원문에 前이란, 여기서 前이란 혹가제이단或可第二段 이전을 말하는 것이다.

經

百萬億諸天王이 恭敬禮拜하며 百萬億龍王이 諦觀無厭하며 百
萬億夜叉王이 頂上合掌하며 百萬億乾闥婆王이 起淨信心하며
百萬億阿脩羅王이 斷憍慢意하며 百萬億迦樓羅王이 口銜繒帶
하며 百萬億緊那羅王이 歡喜踊躍하며 百萬億摩睺羅伽王이 歡
喜瞻仰하며 百萬億世主가 稽首作禮하며 百萬億忉利天王이 瞻
仰不瞬하며 百萬億夜摩天王이 歡喜讚歎하며 百萬億兜率天王
이 布身作禮하며 百萬億化樂天王이 頭頂禮敬하며 百萬億他化
天王이 恭敬合掌하며 百萬億梵天王이 一心觀察하며 百萬億摩
醯首羅天王이 恭敬供養하며 百萬億菩薩이 發聲讚歎하며

백만억 모든 천왕이 공경스레 예배하며
백만억 용왕이 자세히 관찰하되 싫어함이 없으며
백만억 야차왕이 이마 위에서 합장하며
백만억 건달바왕이 청정하게 믿는 마음을 일으키며
백만억 아수라왕이 교만한 뜻을 끊으며
백만억 가루라왕이 입에 비단 띠를 물었으며
백만억 긴나라왕이 기뻐 뛰며
백만억 마후라가왕이 기뻐 우러러보며
백만억 세간의 주인이 머리 숙여 예를 지으며
백만억 도리천왕이 우러러 눈을 깜짝하지 아니하며
백만억 야마천왕이 기뻐 찬탄하며

백만억 도솔천왕이 몸을 펴서 예를 지으며
백만억 화락천왕이 이마를 땅에 대고 예경하며
백만억 타화자재천왕이 공경스레 합장하며
백만억 범천왕이 일심으로 관찰하며
백만억 마혜수라천왕이 공경스레 공양하며
백만억 보살이 소리를 내어 찬탄하며

疏

二에 諸天恭敬下는 明供義라 文分爲五하리니 初十七句는 雜明八
部와 人天菩薩의 三業設敬이니 其中所作은 各隨類所宜라

두 번째 모든 천왕이 공경스레 예배하였다고 한 아래는 공양하는
뜻을 밝힌 것이다.
경문을 나누어 다섯 가지로 하리니
처음에 열일곱 구절은 팔부신중과 사람과 하늘과 보살의 삼업三業으
로 공경을 베푸는 것을 섞어 밝힌 것이니,
그 가운데 공경을 지은 바는 각각 그 유형의 마땅한 바를 따른
것이다.[62]

---

62 그 유형의 마땅한 바를 따른다고 한 것은 가루라왕은 뱀이니 입(口)에 비단
   띠를 물고 있다. 그런데 그가 무슨 예경을 하겠는가. 따라서 그 유형의 마땅한
   바를 따른다 한 것이다.

經

百萬億天女가 專心供養하며 百萬億同願天이 踊躍歡喜하며 百
萬億往昔同住天이 妙聲稱讚하며 百萬億梵身天이 布身敬禮하
며 百萬億梵輔天이 合掌於頂하며 百萬億梵衆天이 圍遶侍衛하
며 百萬億大梵天이 讚歎稱揚無量功德하며 百萬億光天이 五體
投地하며 百萬億少光天이 宣揚讚歎佛世難値하며 百萬億無量
光天이 遙向佛禮하며 百萬億光音天이 讚歎如來甚難得見하며
百萬億淨天이 與宮殿俱하야 而來詣此하며 百萬億少淨天이 以
淸淨心으로 稽首作禮하며 百萬億無量淨天이 願欲見佛하고 投
身而下하며 百萬億遍淨天이 恭敬尊重하야 親近供養하며 百萬
億廣天이 念昔善根하며 百萬億少廣天이 於如來所에 生希有想
하며 百萬億無量廣天이 決定尊重하야 生諸善業하며 百萬億廣
果天이 曲躬恭敬하며 百萬億無煩天이 信根堅固하야 恭敬禮拜
하며 百萬億無熱天이 合掌念佛호대 情無厭足하며 百萬億善見
天이 頭面作禮하며 百萬億善現天이 念供養佛호대 心無懈歇하
며 百萬億阿迦尼吒天이 恭敬頂禮하며 百萬億種種天이 皆大歡
喜하고 發聲讚歎하며 百萬億諸天이 各善思惟하야 而爲莊嚴하며

백만억 천녀가 오롯한 마음으로 공양하며
백만억 같은 서원 가진 하늘이[63] 뛰고 기뻐하며

─────────────

63 같은 서원 가진 하늘과 같이 머문 하늘이라고 한 등은 다 도솔천으로 더불어

백만억 지난 옛날에 같이 머문 하늘이 묘한 소리로 칭찬하며

백만억 범신천[64]이 몸을 펴서 공경스레 예배하며

백만억 범보천이 이마 위에서 합장하며

백만억 범중천이 에워싸 모시고 호위하며

백만억 대범천이 한량없는 공덕을 찬탄하고 칭양하며

백만억 광천光天이 오체를 땅에 던지며

백만억 소광천이 부처님의 세상은 만나기 어렵다고 선양하고 찬탄하며

백만억 무량광천이 멀리 부처님을 향하여 예배하며

백만억 광음천이 여래는 매우 친견함을 얻기가 어렵다 찬탄하며

백만억 정천이 궁전으로 더불어 함께 이곳에 와서 이르며[65]

백만억 소정천이 청정한 마음으로 머리 숙여 예를 지으며

백만억 무량정천이 부처님을 친견하고자 서원하고 몸을 던져 내려오며

백만억 변정천이 공경하고 존중하여 친근하고 공양하며

백만억 광천이 옛날에 선근을 생각하며

같이하는 사람이니, 그런 까닭으로 이것은 욕계의 하늘이다. 역시 『잡화기』의 말이다.

64 범신천등초선사천梵身天等初禪四天은 등자권騰字卷에도 또한 열거하였으니, 차경此經이 초선사천初禪四天으로 위주爲主하는 줄 분명히 알아야 한다. 그런 까닭으로 월자권月字卷 末에 초정려사初靜慮四를 삼정려三靜慮로 고치는 것은 잘못이다.

65 원문에 백만억정천百萬億淨天이 여궁전구與宮殿俱하야 이래예차而來詣此라고 한 것은 『법화경法華經』에 모든 하늘에 몸을 따라 궁전이 있다 한 것과 같다.

백만억 소광천이 여래의 처소에 희유한 생각을 내며

백만억 무량광천이 결정코 존중하여 모든 선업을 내며

백만억 광과천이 몸을 굽혀 공경하며

백만억 무번천이 믿음의 뿌리가 견고하여 공경스레 예배하며

백만억 무열천이 합장하고 염불하되 마음에 싫어하거나 만족함이 없으며

백만억 선견천이 머리 숙여 예를 지으며

백만억 선현천이 부처님께 공양함을 생각하되 마음에 게으름이 없으며

백만억 아가니타천[66]이 공경스레 정례하며

백만억 가지가지 하늘이 다 크게 기뻐하고 소리 내어 찬탄하며

백만억 모든 하늘이 각각 잘 사유하여 장엄하며

疏

二에 天女專心下에 二十六句는 唯明諸天이 三業敬養이니 初之三句는 卽欲界天이요 色究竟後에 復言種種天者는 或通無色이며 或總上諸類니라 善思惟天은 亦通諸類니라

두 번째 천녀가 오롯한 마음으로 공양한다고 한 아래에 스물여섯 구절은 오직 모든 하늘이 삼업으로 공경하고 공양하는 것만을 밝힌 것이니

---

66 아가니타천阿迦尼吒天은 색구경천色究竟天이다.

처음에 세 구절은 곧 욕계의 하늘이요

색구경천 뒤에 다시 가지가지 하늘이라고 말한 것은 혹 무색계의 하늘에 통하며 혹 위에 모든 유형의 하늘에 섭수되는 것이다. 잘 사유하는 하늘이라고 한 것은 또한 모든 유형의 하늘에 통하는 것이다.

經

百萬億菩薩天이 護持佛座하야 莊嚴不絶하며 百萬億華手菩薩
이 雨一切華하며 百萬億香手菩薩이 雨一切香하며 百萬億鬘手
菩薩이 雨一切鬘하며 百萬億末香手菩薩이 雨一切末香하며 百
萬億塗香手菩薩이 雨一切塗香하며 百萬億衣手菩薩이 雨一切
衣하며 百萬億蓋手菩薩이 雨一切蓋하며 百萬億幢手菩薩이 雨
一切幢하며 百萬億幡手菩薩이 雨一切幡하며 百萬億寶手菩薩
이 雨一切寶하며 百萬億莊嚴手菩薩이 雨一切莊嚴具하며

백만억 보살의 하늘[67]이 부처님의 사자자리를 호지하여 장엄하기
를 끊어지지 않게 하며
백만억 화수보살이 일체 꽃을 비 내리며
백만억 향수보살이 일체 향을 비 내리며
백만억 만수보살이 일체 꽃다발을 비 내리며
백만억 말향수보살이 일체 가루 향을 비 내리며
백만억 도향수보살이 일체 바르는 향을 비 내리며
백만억 의수보살이 일체 옷을 비 내리며
백만억 개수보살이 일체 일산을 비 내리며
백만억 당수보살이 일체 당기를 비 내리며
백만억 번수보살이 일체 깃발을 비 내리며

---

67 원문에 보살천菩薩天이라고 한 것은 위에 天을 밝힌 까닭으로 菩薩과 天이
아니라 菩薩의 天이니, 불보살佛菩薩도 또한 天이라 말하는 것이다.

백만억 보수보살이 일체 보배를 비 내리며
백만억 장엄수보살이 일체 장엄구를 비 내리며

疏

三에 菩薩天下에 有十二句는 明菩薩事供養이라

세 번째 보살의 하늘이라고 한 아래에 열두 구절이 있는 것은 보살이
사물로 공양하는 것을 밝힌 것이다.

經

百萬億諸天子가 從天宮出하야 至於座所하며 百萬億諸天子가
以淨信心으로 幷宮殿俱하며 百萬億生貴天子가 以身持座하며
百萬億灌頂天子가 擧身持座하며

백만억 모든 천자가 천궁으로 좇아 나와 사자자리의 처소에 이르며
백만억 모든 천자가 청정하게 믿는 마음으로 궁전과 아울러 함께
하며
백만억 생귀천자가 몸으로 사자자리를 호지하며
백만억 관정천자가 온몸으로 사자자리를 호지하며

疏

四에 諸天子從天宮出下四句는 諸天身供養이라

네 번째 모든 천자가 천궁으로 좇아 나왔다고 한 아래에 네 구절은
모든 천자가 몸으로 공양하는 것이다.

經

百萬億思惟菩薩이 恭敬思惟하며 百萬億生貴菩薩이 發淸淨心
하며 百萬億菩薩이 諸根悅樂하며 百萬億菩薩이 深心淸淨하며
百萬億菩薩이 信解淸淨하며 百萬億菩薩이 諸業淸淨하며 百萬
億菩薩이 受生自在하며 百萬億菩薩이 法光照耀하며 百萬億菩
薩이 成就於地하며 百萬億菩薩이 善能敎化一切衆生하니라

백만억 사유보살이 공경스레 사유하며

백만억 생귀보살이 청정한 마음을 일으키며

백만억 보살이 육근이 기쁘고 즐거우며

백만억 보살이 깊은 마음이 청정하며

백만억 보살이 믿고 아는 것이 청정하며

백만억 보살이 모든 업이 청정하며

백만억 보살이 생을 받는 것이 자재하며

백만억 보살이 진리의 광명을 비추며

백만억 보살이 지위를 성취하며

백만억 보살이 잘도 능히 일체중생을 교화하였습니다.

疏

五에 思惟菩薩下十句는 菩薩의 修法供養이며 亦明得益이라 菩薩
은 多明得益하고 諸天은 但說供養者는 諸天供養이 是益因故며

諸天得益이 卽菩薩故니라 上申供과 合前獲益하야 大文에 廣前殊
特은 竟이라

다섯 번째 사유보살이라고 한 아래에 열 구절은 보살이 법을 수행하
는 것으로 공양하는 것이며 또한 이익을 얻는 것을 밝힌 것이다.
보살은 다분히 이익 얻는 것을 밝히고 모든 하늘은 다만 공양하는
것만 설한 것은 모든 하늘이 공양하는 것이 이 이익을 원인한 까닭이
며, 모든 하늘이 이익을 얻는 것이 곧 이 보살을 원인한 까닭이다.

위에 공양을 말한 것과 앞에 이익을 얻는다고 한 것을 합하여 큰
문장 제 두 번째 앞에 수득함[68]을 광설한 것이라고 한 것은 마친다.

---

68 원문에 대문광전수특大文廣前殊特이란, 영인본 화엄 7책, p.252, 9행이다.

經

百萬億善根所生이며 百萬億諸佛護持며 百萬億福德所圓滿이
며 百萬億殊勝心所淸淨이며 百萬億大願所嚴潔이며 百萬億善
行所生起며 百萬億善法所堅固며 百萬億神力所示現이며 百萬
億功德所成就며 百萬億讚歎法으로 而以讚歎하니라

백만억 선근으로 생기하는 바이며
백만억 모든 부처님이 호지하는 바이며
백만억 복덕으로 원만하게 하는 바이며
백만억 수승한 마음으로 청정하게 하는 바이며
백만억 큰 서원으로 단엄하고 청결하게 하는 바이며
백만억 선행으로 생기하는 바이며
백만억 선법으로 견고하게 하는 바이며
백만억 위신력으로 시현하는 바이며
백만억 공덕으로 성취하는 바이며
백만억 찬탄하는 법으로 찬탄하였습니다.

疏

第三에 百萬億善根下는 廣前因深이니 十句可知라 所以此會에
嚴事偏多者는 一은 此天이 多以補處로 爲王故요 二는 賢位已極
하야 大悲普周故라 所以十住에 無菩薩迎은 表凡入位故요 夜摩

卽有니 已入位故니라 然亦未廣거니와 而此勝相은 皆是如來의 海
印所現인 法界差別의 自在實德이며 人法無礙하고 依正混融之
嚴事也니라 上廣因相에 合前하야 先明一方嚴處는 竟이라

제 세 번째 백만억 선근이라고 한 아래는 앞에 인연의 깊은 것을
광설한 것이니,
열 구절은 가지 알 수가 있을 것이다.

이 회에 장엄한 일이 치우쳐 많은 까닭은 첫 번째는 이 하늘이
다분히 보처로써 도솔천왕을 위하는 까닭이요
두 번째는 삼현의 지위가 이미 지극하여 대비가 두루한 까닭이다.
십주에 보살이 부처님을 맞이하는 것이 없는 까닭[69]은 범부가 지위에
들어감을 표한 까닭이요
야마천에는 곧 있나니 이미 지위에 들어간 까닭이다.
그러나 또한 광설하지는 않았거니와 여기에 수승한 모습은 다 여래
의 해인삼매로 나타난 바 법계 차별의 자재하고 진실한 공덕이며,
사람과 법이 걸림이 없고 의보와 정보가 혼융하여 장엄한 일이다.

위에 원인의 모습을 광설함에 앞에 두 가지를 합하여[70] 먼저 일방一方

---

69 원문에 십주무보살영十住無菩薩迎이라고 한 것은 여기는 보살菩薩이 부처님을
맞이하는 것이 있기에 하는 말이다. 즉 영인본 화엄 7책, p.264, 9행에 있다.
70 원문에 합전合前(或本은 合前 아래에 二 자가 있다)이란, 前 두 가지를 합한다는
말이니, 영인본 화엄 7책, p.238, 3행에 初는 광자체廣自體요 次는 광전수특廣

에 처소를 장엄하는[71] 것을 밝힌다고 한 것은 마친다.

前殊特이요 三은 광전인상廣前因相이라 하였으니 곧 앞에 두 가지인 자체自體
와 수특殊特이다. 결국 이 세 가지는 일방엄처一方嚴處에 속하는 것이다.

71 원문에 선명일방엄처先明一方嚴處는 영인본 화엄 7책, p.236, 8행이다.

經

如此世界에 兜率天王이 奉爲如來하야 敷置高座인달하야 一切
世界에 兜率天王도 悉爲於佛하야 如是敷座하며 如是莊嚴하며
如是儀則하며 如是信樂하며 如是心淨하며 如是欣樂하며 如是
喜悅하며 如是尊重하며 如是而生希有之想하며 如是踊躍하며
如是渴仰이 悉皆同等하니라

이 세계에 도솔천왕이 받들어 여래를 위하여 높은 사자자리를
펴 놓음과 같이 일체 세계에 도솔천왕도 다 부처님을 위하여 이와
같이 사자자리를 펴며
이와 같이 장엄하며
이와 같이 법도[72]를 지키며
이와 같이 믿고 좋아하며
이와 같이 마음이 청정하며
이와 같이 기뻐 즐거워하며
이와 같이 환희하여 좋아하며
이와 같이 존중하며
이와 같이 희유한 생각을 내며
이와 같이 뛰며
이와 같이 목말라 우러러보는 것이 다 같았습니다.

---

72 원문에 의칙儀則은 사람이 지켜야 할 법칙이다.

疏

第二에 如此世界下는 結通十方이니 可知라 見佛嚴處는 竟이라

제 두 번째 이 세계에 도솔천왕이 높은 사자자리를 펴 놓음과 같다고
한 아래는 위에 말을 맺고[73] 시방에 처소를 장엄한 것을 통석한
것이니
가히 알 수가 있을 것이다.

부처님을 친견하고 처소를 장엄한다[74]고 한 것은 마친다.

---

73 원문에 結 자는 上에 一方嚴處를 맺는다는 것이다.
74 원문에 견불엄처見佛嚴處는 영인본 화엄 7책, p.236, 7행이다.

經

爾時에 兜率天王이 爲如來하야 敷置座已에 心生尊重하야 與十
萬億阿僧祇兜率天子로 奉迎如來할재

그때에 도솔천왕이 여래를 위하여 사자자리를 펴 놓은 이후에
마음에 존중하는 생각을 내어 십만억 아승지 도솔천자로 더불어
여래를 받들어 맞이하려 함에

疏

第四에 爾時下는 迎佛興供이라 於中二니 先은 將迎興供이요 二에
爾時如來威神力下는 見佛興供이라 前中二니 初는 奉迎이라

제 네 번째 그때라고 한 아래는 부처님을 맞이하고 공양구를 일으키
는 것이다.
그 가운데 두 가지가 있나니
먼저는 장차 맞이하려고 공양구를 일으키는 것이요
두 번째 그때에 여래의 위신력인 까닭이라고 한 아래는 부처님을
친견하고 공양구를 일으키는 것이다.
앞에 장차 맞이하려고 공양구를 일으키는 가운데 두 가지가 있나니
처음에는 받들어 맞이하려는 것이다.

經

以淸淨心으로 雨阿僧祇色華雲하며 雨不思議色香雲하며 雨種
種色鬘雲하며 雨廣大淸淨栴檀雲하며 雨無量種種蓋雲하며 雨
細妙天衣雲하며 雨無邊衆妙寶雲하며 雨天莊嚴具雲하며 雨無
量種種燒香雲하며 雨一切栴檀沈水와 堅固末香雲하대 諸天子
衆이 各從其身하야 出此諸雲하니 時에 百千億阿僧祇兜率天子
와 及餘在會한 諸天子衆이 心大歡喜하야 恭敬頂禮하며 阿僧祇
天女도 踊躍欣慕하야 諦觀如來하며

청정한 마음으로써 아승지 색상의 꽃구름을 비 내리며
사의할 수 없는 색상의 향 구름을 비 내리며
가지가지 색상의 꽃다발 구름을 비 내리며
광대하고 청정한 전단향 구름을 비 내리며
한량없는 가지가지 일산 구름을 비 내리며
가늘고 묘한 하늘 옷 구름을 비 내리며
끝없는 수많은 묘한 보배 구름을 비 내리며
하늘의 장엄구 구름을 비 내리며
한량없는 가지가지 태우는 향 구름을 비 내리며
일체 전단향과 침수향과 견고향과 가루향 구름을 비 내리되 모든
천자 대중이 각각 그 몸을 좇아 이 모든 구름을 비 내리니
그때에 백천억 아승지 도솔천자[75]와 그리고 나머지 회중에 있던

75 백천억아승지도솔천百千億阿僧祇兜率天이란, 바로 위에(영인본 화엄 7책, p.263,

모든 천자 대중들이 마음에 큰 기쁨을 내어 공경스레 정례하며
아승지 천녀들도 뛰면서 흠모하여 자세히 여래를 관찰하며

疏

二에 以淸淨下는 興供이라 於中先은 諸天興供이니 皆從身出者는
非唯顯諸天福力이라 亦表身爲供具하고 供自心生이라

두 번째 청정한 마음이라고 한 아래는 공양구를 일으킨 것이다.
그 가운데 먼저는 모든 하늘이 공양구를 일으킨 것이니
다 몸으로 좇아 나왔다고 한 것은 오직 모든 하늘의 복력을 나타낸
것일 뿐만 아니라 또한 몸이 공양구가 되고 공양구가 자기 마음으로
나온[76] 것임을 표한 것이다.

6행) 백만억아승지도솔천百萬億阿僧祇兜率天이라 한 것과 어기는 것 같으나,
百千億은 小等數로 계산하여 十千이 萬이 되는 까닭이고 百千이 十萬이
되는 까닭으로 어김이 없는 것이다.

76 원문에 공자심생供自心生이란, 이 경문초經文初에 이청정심以淸淨心으로 우아
승지색화운雨阿僧祇色華雲 운운하였다.

經

兜率宮中에 不可說諸菩薩衆이 住虛空中하야 精勤一心하야 以
出過諸天한 諸供養具로 供養於佛하고 恭敬作禮하야 阿僧祇音
樂으로 一時同奏하니라

도솔천궁 가운데 가히 말할 수 없는 모든 보살 대중이 허공 가운데
머물러 정근을 일심으로 하여 모든 하늘의 공양구를 벗어난 모든
공양구로 부처님께 공양하고 공경스레 예를 지어 아승지 음악으로
일시에 함께 연주하였습니다.

疏

後에 兜率宮下는 菩薩興供이니 可知라 將迎興供은 竟이라

뒤에 도솔천궁이라고 한 아래는 보살이 공양구를 일으킨 것이니
가히 알 수가 있을 것이다.

장차 맞이하려고 공양구를 일으킨다고 한 것은 마친다.

經

爾時에 如來威神力故며 往昔善根之所流故며 不可思議自在力故로 兜率宮中에 一切諸天과 及諸天女가 皆遙見佛호대 如對目前하야

그때에 여래의 위신력인 까닭이며
지나간 옛날에 선근으로 유출한 바인 까닭이며
가히 사의할 수 없는 자재한 힘인 까닭으로 도솔천궁 가운데 일체 모든 하늘과 그리고 모든 천녀가 다 멀리서 부처님을 보되 목전에서 대하는 것과 같이하여

疏

第二에 見佛興供中二니 先은 諸天이요 後에 百千億那由他先住下는 明菩薩이라 前中三이니 初는 明承力見佛이니 一은 現佛神力이요 二는 宿善力이요 三은 法門力이라

제 두 번째 부처님을 보고 공양구를 일으키는 가운데 두 가지가 있나니
먼저는 모든 하늘이요
뒤[77]에 백천억 나유타 가히 말할 수 없는 선세先世로부터 도솔천궁에

---

77 뒤란, 영인본 화엄 7책, p.269, 末行이다.

머물던 모든 보살 대중이라고 한 아래는 보살을 밝힌 것이다.

앞의 모든 하늘 가운데 세 가지가 있나니

처음에는 부처님의 위신력을 받아 부처님을 보는 것이니

첫 번째는 부처님의 위신력을 나타낸 것이요

두 번째는 숙세에 선근의 힘이요

세 번째는 법문의 힘이다.

經

同興念言호대 如來出世를 難可値遇어늘 我今得見具一切智하
야 於法無礙正等覺者라하야 如是思惟하고 如是觀察하야 與諸
衆會로 悉共同時에 奉迎如來호대

다 같이 생각을 일으켜 말하기를 여래가 세상에 나오심을 가히
만나기 어렵거늘 내가 지금 일체 지혜를 구족하여 법에 걸림이
없는 바르고 평등한 깨달음을 얻은 이를 친견함을 얻을 것이라
하여 이와 같이 사유하고 이와 같이 관찰하여 모든 모인 대중으로
더불어 다 같이 동시에 여래를 받들어 맞이하되

疏

二에 同興下는 慶遇奉迎이라

두 번째 다 같이 생각을 일으켰다고 한 아래는 만남을 경사하여
받들어 맞이하는 것이다.

經

各以天衣로 盛一切華하며 盛一切香하며 盛一切寶하며 盛一切
莊嚴具하며 盛一切天栴檀末香하며 盛一切天沈水末香하며 盛
一切天妙寶末香하며 盛一切天香華하며 盛一切天曼陀羅華하
야 悉以奉散하야 供養於佛하며

각각 하늘 옷으로써 일체 꽃을 담으며
일체 향을 담으며
일체 보배를 담으며
일체 장엄구를 담으며
일체 하늘 전단가루 향을 담으며
일체 하늘 침수가루 향을 담으며
일체 하늘 묘한 보배가루 향을 담으며
일체 하늘 향기 나는 꽃을 담으며
일체 하늘 만다라꽃을 담아서 다 받들어 흩어 부처님께 공양하며

疏

三에 各以下는 正明興供이라 於中三이니 初十句는 衣盛供하야
以散佛이니 表修寂滅하야 以趣果故니라

세 번째 각각 하늘 옷이라고 한 아래는 공양구를 일으키는 것을
바로 밝힌 것이다.

그 가운데 세 가지가 있나니

처음에 열 구절은 옷으로 공양구를 담아 부처님께 흘는 것이니

적멸을 닦아 과위에 나아감을 표한 까닭이다.[78]

經

百千億那由他阿僧祇兜率陀天子가 住虛空中하야 咸於佛所에
起智慧境界心하야 燒一切香하야 香氣成雲하야 莊嚴虛空하며
又於佛所에 起歡喜心하야 雨一切天華雲하야 莊嚴虛空하며 又
於佛所에 起尊重心하야 雨一切天蓋雲하야 莊嚴虛空하며 又於
佛所에 起供養心하야 散一切天鬘雲하야 莊嚴虛空하며 又於佛
所에 生信解心하야 布阿僧祇金網하야 彌覆虛空하니 一切寶鈴
이 常出妙音하며 又於佛所에 生最勝福田心하야 以阿僧祇帳으
로 莊嚴虛空하니 雨一切瓔珞雲하야 無有斷絶하며 又於佛所에
生深信心하야 以阿僧祇諸天宮殿으로 莊嚴虛空하니 一切天樂
이 出微妙音하며 又於佛所에 生最勝難遇心하야 以阿僧祇種種
色天衣雲으로 莊嚴虛空하니 雨於無比種種妙衣하며 又於佛所
에 生無量歡喜踊躍心하야 以阿僧祇諸天寶冠으로 莊嚴虛空하
니 雨無量天冠하야 廣大成雲하며 又於佛所에 起歡喜心하야 以
阿僧祇種種色寶로 莊嚴虛空하니 雨一切瓔珞雲하야 無有斷絶
하며

백천억 나유타 아승지 도솔타 천자가 허공 가운데 머물러 다 부처님
의 처소에 지혜 경계의 마음을 일으켜 일체 향을 태워 향기로
구름을 만들어 허공을 장엄하며
또 부처님의 처소에 환희하는 마음을 일으켜 일체 하늘 꽃구름을

비 내려 허공을 장엄하며

또 부처님의 처소에 존중하는 마음을 일으켜 일체 하늘 일산 구름을 비 내려 허공을 장엄하며

또 부처님의 처소에 공양하는 마음을 일으켜 일체 하늘 꽃다발 구름을 흩어 허공을 장엄하며

또 부처님의 처소에 믿고 이해하는 마음을 내어 아승지 황금 그물을 펼쳐 허공을 가득 덮으니 일체 보배 풍경이 항상 묘한 소리를 내며

또 부처님의 처소에 가장 수승한 복전의 마음을 내어 아승지 휘장으로써 허공을 장엄하니 일체 영락 구름이 비 내려 끊어짐이 없으며

또 부처님의 처소에 깊이 믿는 마음을 내어 아승지 모든 하늘 궁전으로써 허공을 장엄하니 일체 하늘 음악이 미묘한 소리를 내며

또 부처님의 처소에 가장 수승한 만나기 어려운 마음을 내어 아승지 가지가지 색상의 하늘 옷 구름으로써 허공을 장엄하니 비교할 수 없는 가지가지 묘한 옷을 비 내리며

또 부처님의 처소에 한량없이 환희하고 뛰는 마음을 내어 아승지 모든 하늘 보배관으로써 허공을 장엄하니 한량없는 하늘 관을 비 내려 광대하게 구름을 만들며

또 부처님의 처소에 환희하는 마음을 내어 아승지 가지가지 색상의 보배로써 허공을 장엄하니 일체 영락 구름이 비 내려 끊어짐이 없으며

疏

二에 百千億下十句는 明起心雨供嚴空이니 顯所修萬行이 稱法
性空이라 空有無礙가 是嚴空義니라

두 번째 백천억이라고 한 아래에 열 구절은 마음을 일으켜 공양구를
비 내려 허공을 장엄하는 것을 밝힌 것이니,
닦은 바 만행이 법성의 허공에 칭합함을 나타낸 것이다.
공과 유가 걸림이 없는 것이 이것이 허공을 장엄한다는 뜻이다.

經

百千億那由他阿僧祇天子가 咸於佛所에 生淨信心하야 散無數
種種色天華하고 然無數種種色天香하야 供養如來하며 又於佛
所에 起大莊嚴變化心하야 持無數種種色天栴檀末香하야 奉散
如來하며 又於佛所에 起歡喜踊躍心하야 持無數種種色蓋하야
隨逐如來하며 又於佛所에 起增上心하야 持無數種種色天寶衣
하야 敷布道路하야 供養如來하며 又於佛所에 起淸淨心하야 持
無數種種色天寶幢하야 奉迎如來하며 又於佛所에 起增上歡喜
心하야 持無數種種色天莊嚴具하야 供養如來하며 又於佛所에
生不壞信心하야 持無數天寶鬘하야 供養如來하며 又於佛所에
生無比歡喜心하야 持無數種種色天寶幡하야 供養如來하며 百
千億那由他阿僧祇諸天子가 以調順寂靜하고 無放逸心으로 持
無數種種色天樂하야 出妙音聲하야 供養如來하며

백천억 나유타 아승지 천자가 다 부처님의 처소에 청정하게 믿는
마음을 내어 수없는 가지가지 색상의 하늘 꽃을 흩고 수없는 가지가
지 색상의 하늘 향을 태워 여래에게 공양하며
또 부처님의 처소에 크게 장엄하고 변화하는 마음을 일으켜 수없는
가지가지 색상의 하늘 전단가루 향을 가져 여래에게 받들어 흩으며
또 부처님의 처소에 환희하고 뛰는 마음을 일으켜 수없는 가지가지
색상의 일산을 가져 여래를 따라 좇으며
또 부처님의 처소에 증상의 마음을 일으켜 수없는 가지가지 색상의

하늘 보배 옷을 가져 도로에 펼쳐 여래에게 공양하며

또 부처님의 처소에 청정한 마음을 일으켜 수없는 가지가지 색상의
하늘 보배 당기를 가져 여래를 받들어 맞이하며

또 부처님의 처소에 증상으로 환희하는 마음을 일으켜 수없는
가지가지 색상의 하늘 장엄구를 가져 여래에게 공양하며

또 부처님의 처소에 무너지지 않는 믿음의 마음을 내어 수없는
하늘 보배 꽃다발을 가져 여래에게 공양하며

또 부처님의 처소에 비교할 수 없는 환희의 마음을 내어 수없는
가지가지 색상의 하늘 보배 깃발을 가져 여래에게 공양하며

백천억 나유타 아승지 모든 천자가 조순하여 고요하고 방일함이
없는 마음으로 수없는 가지가지 색상의 하늘 음악을 가져 묘한
음성을 내어 여래에게 공양하며

疏

三에 百千億那由他阿僧祇天子下九句는 雜申供養이니 表萬行
雜修故니라 調順寂靜無放逸心을 應分爲二하면 則有十句니라 先
諸天興供은 竟이라

세 번째 백천억 나유타 아승지 천자라고 한 아래에 아홉 구절은
공양구를 섞어 말한 것이니
만행을 섞어 닦는 것을 표한 까닭이다.
조순하여 고요하고 방일함이 없는 마음이라고 한 것을 응당 나누어

두 가지로 한다면[79] 곧 열 구절이 있게 되는 것이다.

먼저 모든 하늘이 공양구를 일으킨다고 한 것은 마친다.

---

[79] 원문에 응분위이應分爲二라고 한 것은 『유망기遺忘記』에는 조순적정調順寂靜 과 무방일심無放逸心이 두 가지가 아니라 初句에 천화天華와 천향天香이 두 가지라 하였다.

經

百千億那由他不可說先에 住兜率宮한 諸菩薩衆이 以從超過
三界法所生과 離諸煩惱行所生과 周遍無礙心所生과 甚深方
便法所生과 無量廣大智所生과 堅固淸淨信所增長과 不思議
善根所生起와 阿僧祇善巧變化所成就와 供養佛心之所現과
無作法門之所印인 出過諸天한 諸供養具로 供養於佛하며

백천억 나유타 불가설 선세에 도솔천궁에 머물던 모든 보살 대중이
삼계를 뛰어넘은 법으로 더불어 생기한 바와
모든 번뇌를 떠난 행으로 생기한 바와
두루 걸림이 없는 마음으로 생기한 바와
깊고도 깊은 방편의 법으로 생기한 바와
한량없는 광대한 지혜로 생기한 바와
견고하고 청정한 믿음으로 증장한 바와
사의할 수 없는 선근으로 생기한 바와
아승지 선교善巧의 변화로 성취한 바와
부처님께 공양하는 마음으로 시현한 바와
조작이 없는 법문으로 인가한 바인 모든 하늘을 벗어난 모든 공양구
로 부처님께 공양하며

疏

第二에 菩薩興供中二니 先은 明行成依報供이요 後에 其諸菩薩
下는 身出正報供이라 前中에 二十七句를 文分爲三하리니 初十句
는 多因成多果之供이요 次八句는 一因成一果供이요 後九句는
一因成多果供이라 應有四句나 由多因成一果는 攝在初段이니
以多因이 能一一成故니라 又初段은 卽一切中有一하고 及一切
中有一切요 次段은 卽一中一이요 後段은 卽一中一切也라 今初
十句는 一時에 倂擧多因이요 後는 通成諸供이라 出過諸天者는
勝故多故니라 餘可知니라

제 두 번째 보살이 공양구를 일으킨 가운데 두 가지가 있나니
먼저는 행으로 이룬 의보의 공양구를 밝힌 것이요
뒤[80]에 그 모든 보살이라고 한 아래는 보살의 몸에서 나온 정보[81]의
공양구이다.
앞에 의보의 공양구 가운데 스물일곱 구절을 경문을 나누어 세
구절로 하리니
처음에 열 구절은 수많은 원인이 수많은 결과를 이루는 공양구요
다음에 여덟 구절은 한 가지 원인이 한 가지 결과를 이루는 공양구요
뒤에 아홉 구절은 한 가지 원인이 수많은 결과를 이루는 공양구이다.
응당 네 구절이 있어야 할 것이지만 수많은 원인을 인유하여 한

---

80 뒤란, 영인본 화엄 7책, p.273, 7행이다.
81 정보正報는 곧 보살菩薩이다.

가지 결과를 이루는 것은 처음 단락(初段)[82]에 섭수되어 있나니,
수많은 원인이[83] 능히 낱낱 결과를 이루는 까닭이다.

또 처음 단락은 곧 일체의 원인 가운데 하나의 결과가 있고 그리고
일체의 원인 가운데 일체의 결과가 있는 것이요
다음 단락은 곧 하나의 원인 가운데 하나의 결과가 있는 것이요
뒤에 단락은 하나의 원인 가운데 일체의 결과가 있는 것이다.
지금 처음에 열 구절은 일시에 수많은 원인을 모두 거론한 것이요
뒤[84]에는 모든 공양구를 통틀어 성립한 것이다.
모든 하늘을 벗어났다고 한 것은 수승한 까닭이며 많은 까닭이다.
나머지는 가히 알 수가 있을 것이다.

---

82 원문에 초단初段은 三句 가운데 初句이다.
83 수많은 원인 운운한 것은 저 모든 공양구 가운데 낱낱이 따로 한 과보를
취하여 위에 수많은 원인을 상대하여 설한 까닭이다. 역시 『잡화기』의 말이다.
84 뒤란, 차단次段에 八句와 후단後段에 九句인 十七句이다.

經

以從波羅蜜로 所生一切寶蓋와 於一切佛境界淸淨解로 所生
一切華帳과 無生法忍으로 所生一切衣와 入金剛法無礙心으로
所生一切鈴網과 解一切法如幻心으로 所生一切堅固香과 周遍
一切佛境界인 如來座心으로 所生一切佛衆寶妙座와 供養佛不
懈心으로 所生一切寶幢과 解諸法如夢歡喜心으로 所生佛所住
一切寶宮殿과

바라밀로 좇아 생기한 바 일체 보배 일산과

일체 부처님의 경계에 청정한 지해로 생기한 바 일체 꽃 휘장과

무생법인으로 생기한 바 일체 옷과

금강의 법에 들어가 걸림이 없는 마음으로 생기한 바 일체 풍경
그물과

일체법이 환상과 같은 줄 아는 마음으로 생기한 바 일체 견고한
향과

일체 부처님의 경계인 여래의 자리에 두루한 마음으로 생기한
바 일체 부처님의 수많은 보배로 된 묘한 자리와

부처님께 공양하는 게으르지 않는 마음으로 생기한 바 일체 보배
당기와

모든 법이 꿈과 같은 줄 아는 환희심으로 생기한 바인 부처님이
머무시는 바 일체 보배 궁전과

疏

第二에 一因一果中에 皆因果相似하나니 一은 蓋以障塵이니 若度
能除敝니라 二는 帳以庇蔭이니 若悲爲佛境이며 華以開敷니 如覺
解淸淨이라 三은 法忍和悅로 用嚴法身이라 四는 演敎網하면 則震
金剛之妙音하며 觀敎網하면 則不礙文而見理니라 五는 香氣는 聞
而不可見하며 見而不可攬호미 猶幻法은 見而不可取하며 取而不
可得하나니 知幻無堅하면 以成堅法이라 六은 周遍法空이 是佛智
身의 所依之境이 座之義也니라 七은 摧懈慢幢하고 樹法勝幢故니
라 八은 諸法如夢이 是佛棲託之所也니라

제 두 번째 한 가지 원인이 한 가지 결과를 이루는 공양구 가운데
다 인과가 서로 흡사하나니
첫 번째는 일산으로 티끌을 막는 것이니,
마치 육바라밀이 능히 육폐六蔽를 제멸하는 것과 같은 것이다.
두 번째는 휘장으로 덮어 보호하는 것이니
마치 자비가 부처님의 경계가 되는 것과 같으며
꽃으로 피우는 것이니 마치 깨달음의 지해(解)가 청정한 것과 같은
것이다.
세 번째는 무생법인의 화평과 기쁨으로써 법신을 장엄하는 것이다.
네 번째는 가르침의 그물을 연설하면 곧 금강의 묘한 소리가 진동
하며,
가르침의 그물을 관찰하면 곧 문자에 걸리지 않고 진리를 보는

것이다.

다섯 번째는 향기는 맡지만 가히 볼 수 없으며 보지만 가히 잡을 수 없는 것이 마치 환법은 보지만 가히 취할 수 없으며 취하지만 가히 얻을 수 없는 것과 같나니,

환법이 견고함이 없는 줄 안다면 견고한 법을 이루는 것이다.

여섯 번째는 법공이 부처님의 지혜 몸이 의지할 바 경계에 두루하는 것이 자리의 뜻이다.

일곱 번째는 게으르고 교만한 당기를 꺾고 법의 수승한 당기를 세우는 까닭이다.

여덟 번째는 모든 법이 꿈과 같은 것이 부처님이 깃들어 의지할 처소이다.

經

無著善根과 無生善根으로 所生一切寶蓮華雲과 一切堅固香雲과 一切無邊色華雲과 一切種種色妙衣雲과 一切無邊淸淨栴檀香雲과 一切妙莊嚴寶蓋雲과 一切燒香雲과 一切妙鬘雲과 一切淸淨莊嚴具雲이 皆遍法界하야 出過諸天한 供養之具로 供養於佛하며

집착함이 없는 선근과 생기함이 없는 선근으로 생기한 바 일체 보배 연꽃 구름과
일체 견고한 향 구름과
일체 끝없는 색상 꽃구름과
일체 가지가지 색상 묘한 옷 구름과
일체 끝없는 청정한 전단향 구름과
일체 묘한 장엄 보배 일산 구름과
일체 태우는 향 구름과
일체 묘한 꽃다발 구름과
일체 청정한 장엄구 구름이 다 법계에 두루하여 모든 하늘을 벗어난 공양구로 부처님께 공양하며

疏

第三에 無著下는 一因多果供이라 無著無生은 但是一義나 無生

約理요 無著約智니 此二契合하야사 方成一因이라 文中九句는 可知라

제 세 번째 집착함이 없는 선근이라고 한 아래는 한 가지 원인이 수많은 결과를 이루는 공양구이다.

집착함이 없다는 것과 생기함이 없다는 것은 다만 이 한 가지 뜻이지만 생기함이 없다는 것은 진리를 잡은 것이고

집착함이 없다는 것은 지혜를 잡은 것이니,

이 두 가지가 계합하여야 바야흐로 한 가지 원인을 이루는 것이다.

경문 가운데 아홉 구절은 가히 알 수가 있을 것이다.

經

其諸菩薩이 一一身에 各出不可說百千億那由他菩薩하야 皆充
滿法界虛空界하며 其心等於三世諸佛하며 以從無顚倒法所起
며 無量如來力所加며 開示衆生安隱之道하며 具足不可說名味
句하며 普入無量法一切陀羅尼種中하며 生不可窮盡辯才之藏
하며 心無所畏하야 生大歡喜하며 以不可說無量無盡한 如實讚
歎法으로 讚歎如來호대 無有厭足하니라

그 모든 보살이 낱낱 몸에 각각 가히 말할 수 없는 백천억 나유타
보살을 출생하여 다 법계와 허공계에 충만하게 하며
그 마음이 삼세에 모든 부처님과 평등하며
거꾸러짐이 없는 법으로 좇아 생기한 바이며
한량없는 여래의 힘으로 가피한 바이며
중생에게 안은한 길을 열어 보이며
가히 말할 수 없는 이름과 의미와 구절[85]을 구족하며
한량없는 법인 일체 다라니 종성 가운데 널리 들어가며
가히 다할 수 없는 변재의 창고를 생기하며
마음에 두려워하는 바가 없이 크게 환희하는 마음을 생기하며
가히 말할 수도 없이 한량도 없고 다할 수도 없는 여실하게 찬탄하
는 법으로 여래를 찬탄하되 싫어하거나 만족함이 없었습니다.

---

85 원문에 명名은 명전자성名詮自性이고, 구句는 구전차별句詮差別이다.

疏

第二에 身出正報供中에 文有十句라 初二는 明現身德量이니 謂
一一量이 周法界하며 德齊佛故요 次에 以從下三句는 明勝辯之
因이요 次에 具足下四句는 顯勝辯所依요 後에 以不可下一句는
正申辯讚이니 皆從總持辯藏之所流故니라 情動於中일새 故形於
言이니 言猶不足은 敬之至也니라

제 두 번째 보살의 몸에서 나온 정보의 공양구 가운데 경문이 열
구절이 있다.
처음에 두 구절은 보살의 몸에서 나타내는 공덕의 양을 밝힌 것이니,
말하자면 낱낱 몸의 양이 법계에 두루하며 공덕이 부처님과 같은
까닭이요
다음에 거꾸러진 법으로 좇아 생기한 바라고 한 아래에 세 구절은
수승한 변재의 원인을 밝힌 것이요
다음에 가히 말할 수 없는 이름과 의미와 구절을 구족하였다고
한 아래에 네 구절은 수승한 변재의 의지할 바를 나타낸 것이요
뒤에 가히 말할 수 없다고 한 아래에 한 구절은 변재로 찬탄하는
것을 바로 말한 것이니,
다 총지總持의 변재 창고로 좇아 유출한 바인 까닭이다.
감정은 중심에서 움직이기에 그런 까닭으로 말에 나타나나니,
말로도 오히려 부족한 것은 공경의 지극함이다.

鈔

情動於中等者는 卽子夏의 詩序니 具云하면 情動於中일새 而形於言하며 言之不足일새 故嗟嘆之하며 嗟嘆之不足일새 故詠歌之하며 詠歌之不足일새 故不知手之舞之하고 足之蹈之也니라 上에 菩薩興供과 合前諸天이 迎佛興供科竟이라

감정은 중심에서 움직인다고 한 등은 곧 자하가 쓴 『시전』 서문[86]에 있는 말이니,
갖추어 말하면 감정은 중심에서 움직이기에 말에 나타나며,
말로 부족하기에 그런 까닭으로 감탄하며,
감탄으로 부족하기에 그런 까닭으로 노래하며,
노래로 부족하기에 그런 까닭으로 손으로 춤을 추고 발로 구르는지 알 수 없다[87] 하였다.

위에 보살이 공양구를 일으킨 것과 앞에 모든 하늘이 부처님을 맞이하려 공양구를 일으킨다고 한 과목을 합하여 마친다.

---

86 원문에 자하시서子夏詩序란, 자하子夏가 『시전詩傳』 서문序文을 지었다. 『시전』 서문에 이 말이 있다.

87 원문에 부지수지무지不知手之舞之하고 족지도지足之蹈之라고 한 말은 『예기禮記』에도 나온다. 도蹈 자는 '밟을 도' 자이니 구른다는 뜻이 있다고 자전은 말한다.

經

爾時에 一切諸天과 及諸菩薩衆이 見於如來應正等覺의 不可思議한 人中之雄하니

그때에 일체 모든 하늘과 그리고 모든 보살 대중이 여래 응공 정등각의 가히 사의할 수 없는 사람 가운데 영웅을 친견하니

疏

第五에 爾時一切下는 觀佛勝德中에 分二리니 先은 明觀佛의 身雲勝德이요 後에 爾時如來大悲下는 明現勝德意라 前中分二리니 初는 觀佛勝德이요 後에 爾時大衆咸見下는 見佛光用이니 前은 通十眼所見이요 後는 約天眼所見이니 今初也라 然此經文이 次第 具顯如來의 二十一種殊勝功德거늘 以文言浩汗으로 致古釋同 迷니라 然離世間品엔 雖具二十一句나 而此엔 文義兼廣일새 故隨 便引於諸論하니라 文分爲三하리니 初는 總觀如來요 次는 別觀德 相이요 三은 結成觀解라

제 다섯 번째 그때에 일체 모든 하늘이라고 한 아래는 부처님의 수승한 공덕을 보는 가운데 두 가지로 나누리니
먼저는 부처님의 신운身雲의 수승한 공덕을 보는 것을 밝힌 것이요
뒤에 그때에 여래가[88] 대비로 널리 덮었다고 한 아래는 수승한 공덕을 나타내는 뜻을 밝힌 것이다.

앞에 신운의 수승한 공덕 가운데 두 가지로 나누리니

처음에는 수승한 공덕을 보는 것이요

뒤에 그때에 저 대중이 여래의 몸을 다 보았다[89]고 한 아래는 부처님의 광명 작용을 본 것이니

앞에 수승한 공덕은 십안十眼으로 보는 바를 통석한 것이요

뒤에 부처님의 광명 작용은 천안으로 보는 바를 잡은 것이니, 지금은 처음이다.

그러나 이 경문이 여래의 스물한 가지 수승한 공덕을 차례로 갖추어 나타내었거늘 경문의 말이 호한浩汗[90]함으로 고인[91]들이 해석함에 함께 미혹함을 이루었다.

그러나 이세간품에는 비록 스물한 구절을 갖추었지만 여기에는 경문과 뜻이 겹하여 광대하기에 그런 까닭으로 편리함을 따라 모든 논[92]을 인용하였다.

경문을 나누어 세 가지로 하리니

처음에는 여래를 한꺼번에 관찰[93]하는 것이요

---

88 원문에 이시여래爾時如來 운운은 영인본 화엄 7책, p.355, 8행이다.

89 원문에 함견咸見이라 한 咸 자는 영인본 화엄 7책, p.352, 5행 원문原文엔 없다. 같은 책 p.353, 4행에 爾時大衆이 咸見佛身이라 한 咸見의 咸 자와 착각한 것 같다.

90 호한浩汗은 호양浩洋으로 물이 광대廣大하다는 뜻이다.

91 고인은 현수, 원공이다.

92 원문에 제론諸論이란,『십지론十地論』,『섭론攝論』등이다.

93 觀 자는 경문經文엔 見 자이다. 즉 영인본 화엄 7책, p.275, 2행에 견어여래見於如來 운운이다.

다음에는 공덕의 모습을 따로 관찰하는 것이요
세 번째는 관찰하고 이해하는 것을 맺어서 성립하는[94] 것이다.

鈔

而此文義兼廣者는 以離世間品은 初歎佛은 有名無釋하며 今文은
有釋無名하니 四紙餘經에 次第具釋二十一德일새 故云文義兼廣이
라하니라 四紙餘經은 文廣이요 其中句義가 該收諸論의 異釋無遺일
새 故云義廣이라하니라 由此故로 於此中에 引於諸論하야 將論釋經
하며 將經證論일새 故云隨便이라하니라 古人이 亦引諸論은 在離世間
이어니와 旣無經文하며 論無憑據하니 由此無名일새 故古德同迷니라
賢首는 以下에 總結十句로 分爲十段하고 刊定은 以十六三業으로
配之하니 並如下引거니와 今並不用하니라

여기에는 경문과 뜻이 겸하여 광대하다고 한 것은 이세간품은 처음
에 부처님을 찬탄한 것은 이름[95]만 있고 해석이 없으며
지금 경문은 해석만 있고 이름이 없으니,
이에 네 장 남짓 경[96]에 스물한 가지 공덕을 차례로 갖추어 해석하였기
에 그런 까닭으로 말하기를 경문과 뜻이 겸하여 광대하다 하였다.

94 원문에 결성관해結成觀解는 영인본 화엄 7책, p.348, 4행에 여시신해如是信解
여시관찰如是觀察이라 하였다.

95 원문에 名이란, 二十一種功德의 名이다.

96 원문에 사지여경四紙餘經이란, 二十一種功德을 설한 『화엄경華嚴經』文이
여기서부터 四章 정도이다. 즉 여기서부터 영인본 화엄 7책, p.342까지이다.

네 장 남짓 경이라고 한 것은 경문이 광대하다 한 것이요

그 가운데 구절과 뜻이 모든 논의 다른 해석을 갖추어 거두어 유실함
이 없기에 그런 까닭으로 말하기를 뜻이 광대하다 한 것이다.

이것을 인유한 까닭으로 이 가운데 모든 논을 인용하여 논을 가져
경을 해석하며

경을 가져 논을 증거하였기에 그런 까닭으로 말하기를 편리함을
따라 모든 논을 인용한다 하였다.

고인이 또한 모든 논을 인용한 것은 이세간품에 있거니와[97] 이미
경문이 없으며[98] 논에 의거가 없으니, 이 이름이 없음[99]을 인유하였기
에 그런 까닭으로 고덕이 함께 미혹한 것이다.

현수는 아래에 열 구절을 모두 맺은[100] 것으로써 나누어 십단을
하였고

---

97 원문에 고인역인제론재이세간古人亦引諸論在離世間이라고 한 것은 고인古人은
『간정기刊定記』이니 十卷에 논을 인용하여 二十一種功德을 설하였으며 『탐
현기探玄記』 十七卷에 논을 인용하여 二十一種功德을 설하였으니 다 이세간
품離世間品에 있다.

98 이미 경문이 없다고 한 등은 『잡화기』에 말하기를 저 이세간품 가운데 비록
그 공덕의 이름이 있으나 이미 해석한 문장이 없는 까닭으로 비록 모든
논을 이끌어 왔으나 경經 가히 의지할 것이 없는 것이다. 역시 『잡화기』의
말이다.

원문에 기무경문旣無經文이라고 한 것은 여기에는 二十一種功德句의 名이
없다는 것이다.

99 원문에 차무명此無名이라는 名 자는 즉 二十一種功德의 名이다.

100 원문에 총결십구總結十句는 영인본 화엄 7책, p.348, 4행에 여시신해如是信解,
여시관찰如是觀察 등 十句이다.

『간정기』는 십육삼업[101]으로써 그 열 구절에 배속하였으니,
모두 아래 인용한 것과 같거니와[102] 지금에는 인용하지 않는다.

疏

今初는 略擧三德하야 以顯一雄이니 一者는 如來요 二에 言應者는
卽是應供이요 三에 正等覺은 卽正遍知라 此一應字를 亦通屬下하
나니 隨應覺故니라 此卽總句니 離世間品엔 名妙悟皆滿이라하고
佛地攝論엔 皆名最淸淨覺이라하얏거늘 親光釋云호대 謂佛世尊
이 普於一切有爲無爲의 所應覺境에 正開覺故라하니 此釋正義니
揀異邪覺이라 又於一切所應覺境에 淨妙圓滿케하야 正開覺故라
하니 此釋最淸淨義며 亦明覺滿이니 揀異菩薩이라 又於一切에 如
所有性하며 盡所有性하야 正開覺故라하니 此釋符今等字니 謂雙
照二諦하야 平等覺故니라 亦是遍義니 故云正遍知라하니라

지금은 처음으로 간략하게 삼덕을 들어 한 분의 영웅을 나타낸
것이니
첫 번째는 여래요

---

101 원문에 십육삼업十六三業은 영인본 화엄 7책, p.352에 이유만 설명하고
十六三業을 배속한 것은 없다. 그러나 영인본 화엄 7책, p.360, 末行 十七句에
初句는 총이고 나머지 十六句는 별이라 하였다.
102 원문에 병여하인並如下引은 영인본 화엄 7책, p.350, 3행에 正彌古德이
後十結句로 科上二十一德之經이라 하였다.

두 번째 응應이라고 말한 것은 곧 이것은 응공이요
세 번째 정등각이라고 한 것은 곧 정변지正遍知이다.
이 한 응應 자字를 또한 통상적으로 아래에 배속하기도 하나니[103]
응함을 따라 깨닫게 하는 까닭이다.

이 한 구절은 곧 총구이니 이세간품에는 묘한 깨달음이 다 원만하다
이름하고, 『불지론』과 『섭론』에는 다 가장 청정한 깨달음이라 이름
하였거늘, 친광이 해석하여 말하기를 말하자면 부처님 세존이 널리
일체 유위와 무위의 응당 깨달을 바 경계에 바로 열어 깨달은 까닭이
다 하였으니,
이것은 정각의 뜻을 해석한 것이니[104] 사각邪覺과 다름을 가린 것이
다.[105]
또 일체 응당 깨달을 바 경계에 청정하고 묘하고 원만케 하여 바로
열어 깨달은 까닭이다 하였으니,
이것은 가장 청정하다는 뜻[106]을 해석한 것이며 또한 깨달음이 원만하
다[107]는 뜻을 밝힌 것이니 보살의 깨달음과 다름을 가린 것이다.[108]

---

103 원문에 역통속하亦通屬下란, 즉 應正等覺이라 붙여서 보는 것이다.
104 이것은 정각의 뜻을 해석한 것이라고 한 것은 저 친광의 해석 가운데 세
가지 해석이 다 가장 청정하다는 구절을 해석한 것이지만, 그러나 지금에
소가는 다만 그 뜻만 취하여 부분적으로 배대하였을 뿐이다. 역시 『잡화기』의
말이다.
105 一義.
106 원문에 최청정의最淸淨義는 즉 『불지론佛地論』과 『섭론攝論』의 뜻이다.
107 원문에 각만覺滿은 이세간품離世間品에 묘오개만妙悟皆滿이라는 뜻이다.

또 일체에 있는 바 자성과 같으며 있는 바 자성을 다하여 바로
열어 깨달은 까닭이다 하였으니,

이 해석은 지금의 등¹⁰⁹이라는 글자에 부합하는 것이니,

말하자면 이제二諦를 함께 비추어 평등하게 깨달은 까닭이다.¹¹⁰

또한 이것은 변遍의 뜻이기도 하나니 그런 까닭으로 정변지正遍知라
하였다.

鈔

離世間品엔 名妙悟皆滿者는 上은 釋經中總句요 此下는 會其總句
異名이라 然이나 攝論本論은 卽無著所造니 世親無性이 二俱有釋거
늘 唐三藏俱譯하야 皆有十卷하니 此並當第五하니라 今依無性인댄
釋所知相中에 因云호대 若欲釋大乘法인댄 略由三相이니 一은 由說
緣起요 二는 由說從緣所生法相이요 三은 由說語義라하니라 論曰호
대 說語義者는 謂說初句요 後는 以餘句로 分別顯示니 或由德處며
或由義處라하얏거늘 釋中云호대 已得在己하야 圓滿饒益할새 故名爲
德이요 未得在己하야 隨順趣求할새 故名爲義라하니라 論曰德處者는
謂說佛功德이니 卽二十一種殊勝功德이라하얏거늘 釋中云호대 最
淸淨覺은 卽是初句니 由所餘句하야 開顯其義라하니라

108 二義.

109 등이란, 等正覺의 等 자이다.

110 三義.

이세간품에는 묘한 깨달음이 다 원만하다 이름한다고 한 것은 이
위에는 경문 가운데 총구를 해석한 것이요

이 아래는 그 총구의 다른 이름을 회통한 것이다.

그러나『섭대승론』의 본론은 곧 무착이 지은 바이니, 세친과 무성의
두 사람이 모두 해석한 것이 있거늘 당삼장이 모두 번역하여 다
각각 열 권이 있나니, 이것은 아울러 제오권에 해당하는 것이다.

지금에『무성론』을 의지한다면 알 바의 모습을 해석하는[111] 가운데
기인하여 말하기를[112] 만약 대승의 법을 해석하고자 한다면 간략하게
세 가지 모습을 인유하나니

첫 번째는 연기를 설한 것을 인유한 것이요

두 번째는 연기를 좇아 생기한 바 법상을 설한 것을 인유한 것이요

세 번째는 말의 뜻을 설한 것을 인유한 것이다 하였다.

『섭론』에 말하기를[113] 말의 뜻을 설했다고 한 것은 말하자면 처음
구절[114]을 설한 것이요

뒤에는 나머지 구절로 분별하여 현시한 것이니

혹은 덕처德處[115]를 인유한 것이며 혹은 의처義處를 인유한 것이다

---

111 알 바의 모습을 해석한다고 한 것은『섭론』제오권 소지상분所知相分 제삼第三
의 이二이다.『잡화기』에는 다만 곧 저 본론(『섭론』)이지만, 그러나 이것은
그 뜻이 세 가지 모습을 취하고 있다 하였다.

112 원문에 인운因云 두 글자(二字)는『무성론無性論』엔 없고, 청량淸凉이 더한
말이다.

113『섭론』에 말하였다고 한 아래는『잡화기』에 소지상분 제삼을 바로 인용한
것이다 하였다.

114 원문에 초구初句는『섭론攝論』의 初句이니 최청정각最淸淨覺이다.

하였거늘, 해석한 가운데 말하기를 이미 자기에게 있음을 얻어서
원만하게 요익하기에 그런 까닭으로 이름을 덕이라 하는 것이요
아직 자기에게 있음을 얻지 못하여 수순하여 취구하기에 그런 까닭
으로 이름을 의義라 하는 것이다 하였다.

『섭론』에 말하기를 덕처라고 한 것은 말하자면 부처님의 공덕을
말한 것이니 곧 스물한 가지 수승한 공덕이다 하였거늘, 해석한
가운데 말하기를 가장 청정한 깨달음이라고 한 것은 곧 이것은
처음 구절이니 나머지 구절을 인유하여 그 뜻을 열어서 현시한
것이다 하였다.

親光釋云者는 親光은 卽佛地經論主라 二本攝論은 不解總句어니와
此菩薩解에 自有三釋하니 疏便以義로 揀斷釋之하니라 然此三釋에
有其二意하니 一은 別釋總句니 一은 釋正字요 二는 釋最淸淨字요
三은 釋等字라 彼無等字일새 義符今經이라 二者는 於所覺法에 影略
出之니 一은 約爲無爲하야 爲所應覺境이요 二는 云一切로 爲所應覺
境이요 三은 以如所有性等으로 爲所應覺이니 故小異也니라 又一에
爲與無爲는 總明所覺이 不出二故요 二에 一切法은 曲盡差別故요
三에 如所有等은 通能所故라 其如所有性等은 今當略說호리라 卽雜

---

115 혹은 덕처德處라고 한 것은 곧 저 열 가지 수승한 모습 가운데 4·5·6·7·8
등은 이 의처義處이니 원인이 있는 것이고, 9·10 등은 이 덕처德處이니
과보가 있는 것이고, 나머지 세 가지는 처음 두 가지 모습에 해당하는 것이다.
저 『섭론』의 전후에 이 열 가지 수승한 모습을 해석하였으니 『회현기』
15권 12장을 볼 것이다. 역시 『잡화기』의 말이다.

集論第十一云호대 事邊際所緣者는 謂一切法에 盡所有性하며 如所
有性이라하얏거늘 彼疏釋云호대 事邊際等者는 事有二種하니 一은 是
自相事요 二는 是共相事라 初는 能緣心이 盡法分量이요 後는 能緣心
이 如諸法中에 所有共體하야 俱稱邊際니 此中事는 卽是境이라 就文
分三하리니 初는 標章이요 次는 開二義요 後는 別釋이니 此上은 是初
二段이요 下는 卽別釋이라하니라 論云호대 盡所有性者는 謂蘊界處니
爲顯所知諸法體事가 唯有爾所分量邊際일새 是故建立蘊界處三
이라하얏거늘 彼疏釋云호대 謂盡有爲無爲의 諸法自相이라하니라 論
云호대 如所有性者는 謂四聖諦와 十六行과 眞如와 一切行無常과
一切行苦와 一切法無我와 涅槃寂靜等과 空無相無願이라하얏거늘
彼疏釋云호대 此中에 略明四種共相하니 第一은 諦門이니 謂四聖諦
요 第二는 行門이니 謂十六行과 及眞如요 第三은 鄔陀南門이니 謂一
切行과 無常과 至寂靜이요 第四는 解脫門이니 謂空無相無願이라 本
論擧境하고 不擧能了라하니라 論云호대 由如是等義差別門하야 了
所知境일새 故名如所有性이라하얏거늘 疏云호대 先釋通名하고 次別
釋하니 此初也라 謂由如是四諦와 十六行等이 是盡所有性中에 差別
義니 其能緣心이 如諸法中에 所有差別하야 皆悉了知일새 故名如所
有性이라하니라

친광이 해석하여 말하였다고 한 것은 친광은 곧 『불지경론』의 논주
이다.

이본二本[116]의 『섭론』은 총구總句[117]를 해석하지 아니하였거니와, 이
친광보살이 해석함에 스스로 세 가지로 해석한 것이 있나니 소가疏家

가 곧 뜻으로써 헤아리고 결단하여 해석하였다.

그러나 이 세 가지 해석에 두 가지 뜻이 있나니

첫 번째는 총구를 따로따로 해석한 것이니[118]

첫 번째는 정正이라는 글자를 해석한 것이요

두 번째는 최청정最淸淨이라는 글자를 해석한 것이요

세 번째는 등等이라는 글자를 해석한 것이다.

저 『불지론』에는 등等이라는 글자가 없기에 뜻으로 금경에 부합한 것이다.

두 번째는 깨달을 바 법에 그윽이 생략하여 설출[119]한 것이니

첫 번째는 유위와 무위를 잡아서 응당 깨달을 바 경계를 삼은 것이요

두 번째는 말하기를 일체로 응당 깨달을 바 경계를 삼은 것이요

세 번째는 있는 바 자성과 같다는 등으로 응당 깨달을 바를 삼은 것이니,

그런 까닭으로 조금 다르다.

또[120] 첫 번째 유위와 더불어 무위는 깨달을 바가 이 두 가지를

---

116 이본二本은 세친世親의 『섭론攝論』과 무성無性의 『섭론攝論』이다.

117 총구總句란, 최청정각最淸淨覺이다.

118 총구를 따로따로 해석한 것이라고 한 등은 저 친광이 해석한 가운데 총구에는 비록 정正과 등等이라는 말이 없지만 뜻으로는 이미 포함하고 있다 하겠다. 그러나 바로 말하기를 정자正字를 해석하고 등자等字를 해석한다고 한 것은 지금 경으로써 회석한 까닭이다. 역시 『잡화기』의 말이다.

119 원문에 영략출지影略出之란, 一中에 有爲와 無爲를 밝히되 一切法과 저 所有相을 影略하였다. 下二는 이것을 기준하면 알 수 있다.

120 원문 也 자 아래에 又一 두 글자(二字)가 있어야 좋다. 북장경에는 있다.

벗어나지 아니함을 한꺼번에 밝힌 까닭이요

두 번째 일체법은 차별을 자세히 다한 까닭이요

세 번째 있는 바 자성과 같다고 한 등[121]은 능각과 소각에 통하는[122]
까닭이다.

그 있는 바 자성과 같다고 한 등은 지금에 마땅히 간략하게 설하겠다.
곧 『잡집론』 제십일권에 말하기를 사변제事邊際의 반연하는 바라고
한 것은 말하자면 일체법에 있는 바 자성을 다하며 있는 바 자성과
같다 하였거늘, 저 『잡집론』 소문에 해석하여 말하기를 사변제
등이라고 한 것은 사事에 두 가지가 있나니

첫 번째는 자상사自相事요

두 번째는 공상사共相事이다.

처음에 자상은 능히 반연하는 마음이[123] 법의 분량分量[124]을 다하는
것이요

뒤에 공상은 능히 반연하는 마음이 모든 법[125] 가운데 있는 바 공체共體

---

121 등이란, 진소유盡所有이다.

122 능각과 소각에 통한다고 한 것은 여소유如所有에 여如는 능각이고 소유所有는
소각이다. 즉 진소유성盡所有性은 오직 소연所緣뿐이고 여소유성如所有性은
능연能緣과 소연所緣에 통한다는 것이다. 혹은 말하기를 여如와 진등자盡等字
는 능료能了이고 소유성자所有性字는 다 소연所緣이라 하니 또한 통한다
하겠다.

123 처음에 자상은 능히 반연하는 마음이라고 한 등은 반드시 먼저 지혜로써
그 자성을 반연한 연후에 바야흐로 그 분상에 사제문四諦門 등(十六行)으로써
관찰하는 까닭이다. 역시 『잡화기』의 말이다.

124 분량分量이란, 자상自相이다.

와 같아서 함께 변제邊際라 이름하는[126] 것이니,

이 가운데 사事라고 한 것은 곧 경계이다.

문장에 나아가 세 가지로 나누리니

처음에는 문장을 표한 것이요

다음에는 두 가지 뜻을 개시한 것이요

뒤에는 따로 해석한 것이니,

이 위에는 처음에 두 단락이요

이 아래는 따로 해석한 것이다 하였다.

『잡집론』제십일권에 말하기를 있는 바 자성을 다한다고 한 것은 말하자면 오온과 십팔계와 십이처이니,

알 바 모든 법의 자체 일이 오직 저의 나눌 바 양量의 변제가 있음을 나타내기 위하기에 이런 까닭으로 오온과 십팔계와 십이처의 세 가지를 건립하는 것이다 하였거늘, 저『잡집론』소문에 해석하여 말하기를 말하자면 유위와 무위의 모든 법의 자상自相을 다하는 것이다 하였다.

『잡집론』제십일권에 말하기를 있는 바 자성과 같다고 한 것은 말하자면 사성제와 십육행[127]과 진여와 일체행무상과 일체행고와

일체법무아와 열반적정 등과 공과 무원과 무상이다 하였거늘, 저
『잡집론』 소문에 해석하여 말하기를 이 가운데 네 가지 공상共相을
간략하게 밝혔으니

첫 번째는 제문諦門이니 말하자면 사성제요

제 두 번째는 행문行門이니 말하자면 십육행과 그리고 진여요

제 세 번째는 오타남문鄔陀南門이니 말하자면 일체행과 무상과 내지
적정이요

네 번째는 해탈문이니 말하자면 공과 무상과 무원이다.

본론에는 경계만 거론하고[128] 능요能了는 거론하지 않았다 하였다.
『잡집론』에 말하기를 이와 같은 등 의차별문義差別門을 인유하여
소지所知의 경계를 알기에 그런 까닭으로 이름을 있는 바 자성과
같다 하였거늘, 저[129] 소문에 말하기를 먼저는 한꺼번에 이름을 해석
하고 다음에는 따로따로 해석한 것이니,

이것은 처음이다.

말하자면 이와 같은 사제와 십육행 등이 있는 바 자성을 다하는
가운데 차별의 뜻을 인유한 것이니,

또 사제四諦에 각각 고苦·공空·무상無常·무아無我가 있어 十六行이 되는
것이다. 성자권成字卷 하권, 1장에 있다.

128 본론에는 경계만 거론하였다고 한 등은 저 사제四諦 등이 다 이 경계이니
다만 소성所性(所有性)이라는 글자만 해석한 것이요, 이미 능요能了라는 말을
거론하지 않았다면 곧 진자盡字(盡所有라 한 盡字)를 해석할 이유는 없는
것이다. 역시 『잡화기』의 말이다.

129 疏 자 위에 彼 자가 있으면 좋다. 그리고 疏 자 다음에 云 자가 없는 것은
잘못이다. 『잡화기』의 뜻도 이와 같다.

그 능히 반연하는 마음이 모든 법 가운데 있는 바 차별과 같아서 다 요달하여 알기에 그런 까닭으로 이름을 있는 바 자성과 같다 한다 하였다.

論云호대 或以諦門으로 了所知境이라하얏거늘 彼疏云호대 謂卽前所說諸蘊界處에 隨其所應하야 了知是苦와 乃至是道라하니라 彼疏에 釋四差別하야 卽爲四段하니 此初文也라 謂總觀前盡所有性中에 蘊界處有漏者는 觀於苦集이요 其無漏者는 觀其滅道일새 故云隨其所應이라하니라 論云호대 或以行門으로 了所知境이니 說一一諦가 各有四行하고 及一切法이 無有差別은 皆眞如行이라하얏거늘 彼疏云호대 前에 諦及法門은 約所緣得稱이요 此下는 就能緣得稱이니 卽是四諦가 各別有四行이라 卽是前엔 總作諦解하야 而了蘊等이어니와 今엔 約一一諦中에 別作四相解하야 而起四行하며 及一切法에 作總相眞如緣하야 而起眞如行일새 卽名了無常과 及眞如等이요 行解名行이니 卽前十六行은 是緣安立行이요 後眞如行은 是緣非安立行이라하니라 論云호대 或以諸法에 鄔陀南門으로 了所知境이니 卽諸行無常과 乃至涅槃寂靜이라하얏거늘 彼疏云호대 鄔陀南者는 舊爲憂陀那라하니 訛也라 正翻하면 爲說義니 當無問自說이라 隨義作名인댄 亦總略義며 或名標相義니 謂一切行無常은 是有爲標相이요 涅槃寂靜은 是無爲標相이라하니라 論云호대 或解脫門으로 了所知境이니 謂空無相無願如是等이라하얏거늘 彼疏云호대 謂離繫涅槃은 稱爲解脫이요 空定諸心所는 是趣入涅槃하는 所依之門이라 此中엔 卽以空等三空門으로 以了前境이니 卽了所知諸法이 是空及無相이라하니라 謂雙

照下는 疏釋第三義라 釋曰호대 二性之義가 已略備矣어니와 其盡所有는 唯是世諦요 其如所有는 通於二諦니 則顯如來의 自相共相과 若敎所說과 若法本性을 無不證知하야 如實覺故로 疏中但云호대 雙照二諦하야 平等覺故라하니라 然이나 二諦平等인댄 則二性無礙하야 無所不收어니와 旣無不知인댄 卽是遍義니라

『잡집론』에[130] 말하기를 혹 사제문으로써 소지의 경계를 안다 하였거늘, 저[131] 소문에 말하기를 말하자면 곧 앞에 설한 바 모든 오온과 십팔계와 십이처에 그 응하는 바를 따라서 이 고苦와 내지 이 도道를 요달하여 안다 하였다.

저 소문에 네 가지 차별[132]을 따로 해석하여 곧 사단四段으로 하였으니, 이것은 처음 문장[133]이다.

말하자면 앞에 있는 바 자성을 다하는 가운데 오온과 십팔계와 십이처의 유루를 모두 관찰하는 것은 고집苦集을 관찰하는 것이요 그 무루를 관찰하는 것은 그 멸도滅道를 관찰하는 것이기에 그런 까닭으로 말하기를 그 응하는 바를 따라서 요달하여 안다 하였다.

『잡집론』에 말하기를 혹 행문으로써 소지의 경계를 아는 것이니,

---

130 論 자 아래에 云 자가 있으면 좋다. 『잡집론』 운운은 초문이다.

131 疏자 위에 彼 자가 있으면 좋다. 그러나 『잡화기』는 피소운彼疏云(此本은 疏云이다) 세 글자(三字)는 衍이라 하나 나는 그대로 번역하였다.

132 원문에 사차별四差別이란, 一은 제문諦門이고, 二는 행문行門이고, 三은 오타남문鄔陀南門이고, 四는 해탈문解脫門이다.

133 원문에 초문初文은 즉 제문諦門이다.

말하자면[134] 낱낱 제諦가 각각 네 가지 행이 있고 그리고 일체법이 차별이 없는 것은 다 진여의 행이다 하였거늘, 저 소문에 말하기를 앞에 사제와[135] 그리고 법문은 소연을 잡아서 이름함을 얻은 것이요, 이 아래는 능연에 나아가서 이름함을 얻은 것이니

곧 이 사제가 각각 따로 네 가지 행이 있는 것이다.[136]

곧 이 앞에는 사제의 지해를 한꺼번에 지어 오온 등을 요지하였거니와, 지금에는 낱낱 제諦 가운데 네 가지 모습의 지해를 따로 지어 네 가지 행을 생기하며, 그리고 일체법에 총상진여總相眞如의 인연을 지어 진여의 행을 일으키기에 곧 무상無常과 그리고 진여 등[137]을 안다 이름하는 것이요 아는 것을 행하는 것을 행이라 이름하는[138]

---

134 원문에 謂 자를 說 자라 한 것은 잘못이다.

135 앞에 사제 운운한 것은 그 뜻에 말하기를 세 가지 공상共相에 첫 번째 제문諦門과 그리고 세 번째 오타남문門은 소연所緣을 잡은 것이니 고苦라 말하고, 집集이라 말한 등과 무상이라 말하고 적정이라 말한 등이 다 저 법을 원인한 까닭이다. 두 번째 행문과 그리고 네 번째 해탈문은 능연能緣을 잡은 것이니 십육행 등의 행과 삼공三空 등의 문門이 다 나의 행에 속하는 까닭이다. 혹은 말하기를 법은 이 일체법이라 하니 곧 앞의 진소유성盡所有性이라 하겠다. 역시 『잡화기』의 말이다. 네 가지 공상이란 영인본 화엄 7책, p.280, 7행에 있다.

136 곧 이 사제가 각각 따로 네 가지 행이 있다고 한 것은 네 가지 행은 이 무상과 고와 공과 무아이니 성자권成字卷 하권, 초1장을 볼 것이라고 『잡화기』는 말한다.

137 진여등眞如等의 等 자는 바로 위에 無常이라는 말 아래에 있어야 옳다.

138 원문에 행해명행行解名行이란, 위에서 말하기를 별작사상해別作四相解하야 즉기사행卽起四行이라 한 까닭으로 이 行은 解에 卽한 行이다.

것이니,

곧 앞에 십육행은 이 안립행을 인연한 것이요

뒤에 진여행은 이 비안립행을 인연한 것이다 하였다.

『잡집론』에[139] 말하기를 혹 모든 법에 오타남문으로써 소지의 경계를 아는 것이니 곧 제행무상과 내지 열반적정이다 하였거늘, 저 소문에[140] 말하기를 오타남이라고 한 것은 구역에는 우타나라 하였으니 와전된 것이다.

바로 번역하면 설說의 뜻이 되는 것이니 무문자설無問自說에 해당하는 것이다.

뜻을 따라 이름을 짓는다면 또한 다 생략한다는 뜻이며 혹은 이름이 모습을 표한다는 뜻이니,

말하자면 일체행이 무상하다고 한 것은 이것은 유위로 그 모습을 표한 것이요

열반적정이라고 한 것은 이것은 무위로 그 모습을 표한 것이다 하였다.

『잡집론』에[141] 말하기를 혹 해탈문으로써 소지의 경계를 아는 것이니, 말하자면 공과 무원과 무상인 이와 같은 등이다 하였거늘, 저 소문에 말하기를 말하자면 계박을 떠난 열반(離繫涅槃)은 이름이 해탈이 되는 것이요

공삼매의 모든 심소[142]는 열반에 취입하는 의지할 바 문門이다.

---

139 論 자 아래에 云 자가 있으면 좋다.

140 疏 자 아래에 云 자가 있으면 좋다.

141 論 자 아래에 云 자가 있으면 좋다.

이 가운데는 곧 공 등 삼공문三空門¹⁴³으로써 앞의 경계를 아는 것
이니,
곧 소지의 모든 법이 공空과 그리고 무상¹⁴⁴임을 아는 것이다 하였다.

말하자면 이제를 함께 비춘다고 한 아래는 소가疏家가 제 세 번째
뜻¹⁴⁵을 해석한 것이다.
해석하여 말하기를 이성二性¹⁴⁶의 뜻이 이미 간략하게 구비되었거니
와 그 있는 바 자성을 다한다고 한 것은 오직 세제世諦뿐이요
그 있는 바 자성과 같다고 한 것은 이제二諦에 통하나니¹⁴⁷
곧 여래의 자상과 공상과 혹 교敎의 설할 바와 혹 법의 본성을
증득하여 알지 못함이 없어서 여실하게 깨달음을 나타내는 까닭으로
소문 가운데 다만 말하기를 이제를 함께 비추어 평등하게 깨달은

---

142 원문에 공정제심소空定諸心所란, 이 위에는 해설解脱을 해석하였고 지금
여기는 門 자를 해석하나니, 제심소諸心所라고 한 것은 이 공과 무상 등이
또한 심소心所 등의 법法인 까닭이다. 이상은 『유망기』의 말이다. 『잡화기』는
해탈"이요" 토이다. 공정空定이라고 한 것은 이 空이고, 제심소諸心所라고
한 것은 무상無相·무원無願을 섭수하고 있다 하였다.

143 삼공문三空門은 삼공관문三空觀門 혹은 삼해탈문三解脱門이라고도 한다. 즉
공空·무상無相·무원無願(無作)이다.

144 無相 아래에 無願이 빠진 것이 아닌가 한다.

145 원문에 제삼의第三義는 영인본 화엄 7책, p.277, 6행에 우어일체여소유성又於
一切如所有性 운운이다. 第三義를 第二義라 한 것은 잘못이다.

146 이성二性이란, 여소유성如所有性과 진소유성盡所有性이다.

147 이제에 통한다고 한 등은 사제와 십육행 등의 행은 이 속제이고, 진여와
적정 등은 이 진제인 까닭이다. 역시 『잡화기』의 말이다.

까닭이다 하였다.

그러나 이제가 평등하다면 곧 이성二性이 걸림이 없어서 거두지 못할 바가 없을 것이어니와 이미 알지 못함이 없다고 하였다면 곧 이것은 변徧[148]의 뜻이다.

疏

彼經엔 無正等言하고 此經엔 闕最淸淨하며 上妙嚴品엔 則有最言하니 故云於一切法에 成最正覺이라하니라 下離世間中엔 復有妙悟하니 妙者는 微妙니 離覺相故라 悟覺及知는 名異義同하고 妙正徧最는 名義俱別하니 所揀異故라 若世親無性인댄 不解總句하고 但以下別德으로 成斯一覺일새 故淸淨覺이 句句皆徧이라

저『불지경』에는 정등正等이라는 말이 없고 이 경에는 최청정最淸淨이라는 말이 빠졌으며 위의 묘엄품妙嚴品에는 곧 최最라는 말이 있으니, 그런 까닭으로 말하기를 일체법에 가장 바른 깨달음을 이룬다 하였다.

아래 이세간품 가운데는 다시 묘오妙悟라는 말이 있으니,

묘妙라는 것은 미묘微妙하다는 것이니 깨달음의 모습조차 떠난 까닭이다.

오悟와 각覺과 그리고 지知[149]는 이름은 다르지만 뜻은 같고, 묘妙와

---

148 변徧이란, 곧 정변지正徧智의 변徧이다.

149 묘오妙悟와 정등각正等覺과 정변지正徧知는 이름은 다르지만 뜻은 같다.

정正과 변徧과 최最는 이름과 뜻이 모두 다르나니 가리는 바가 다른 까닭이다.

만약 세친과 무성의 말을 의지한다면 총구總句150를 해석하지 않고 다만 아래 열한 가지 별덕別德으로 이 일각一覺을 성립하였기에 그런 까닭으로 청정각이 구절구절마다 다 두루한 것이다.

鈔

彼經無正等下는 會四經文이니 言有影略이나 總皆含具니라 於中에 先例四別이요 後에 妙者微妙下는 會釋이라 妙正遍最者는 妙揀取相이요 正揀於邪요 遍揀不周요 最揀未極이니 如初會說하니라 餘義可知라

저 『불지경』에는 정등이라는 말이 없다고 한 아래는 네 가지 경문151을 회석한 것이니,

말이 그윽이 생략된 듯함이 있지만 모두 다 포함하여 갖추고 있다.

그 가운데 먼저는 네 가지 경이 다름을 열거한 것이요
뒤에 묘라는 것은 미묘하다고 한 아래는 회석한 것이다.
묘와 정과 변과 최라고 한 것은 묘는 취하는 모습을 가린 것이요

150 총구總句는 최청정각最清淨覺이니 此經으로는 등정각等正覺이다.
151 원문에 사경문四經文은 『불지경佛地經』과 『화엄경華嚴經』 도솔천궁품兜率天宮品과 세주묘엄품世主妙嚴品과 이세간품離世間品이다.

정은 사邪를 가린 것이요
변은 두루하지 아니함을 가린 것이요
최는 아직 종극이 아님을 가린 것이니
초회에 말한 것과 같다.
나머지 뜻은 가히 알 수가 있을 것이다.

經

其身無量하야 不可稱數라 現不思議種種神變하야 令無數衆生
으로 心大歡喜케하며 普遍一切虛空界와 一切法界하야 以佛莊
嚴으로 而爲莊嚴하야 令一切衆生으로 安住善根케하며 示現無量
諸佛神力하고 超過一切諸語言道하야 諸大菩薩所共欽敬이라
隨所應化하야 皆令歡喜케하며 住於諸佛廣大之身하야 功德善
根이 悉已淸淨하고 色相第一이라 無能映奪하며

그 몸이 무량하여 가히 그 수를 헤아릴 수 없는지라 사의할 수
없는 가지가지 신통변화를 나타내어 수없는 중생으로 하여금 마음
을 크게 환희케 하며
널리 일체 허공계와 일체 법계에 두루하여 부처님의 장엄으로써
장엄하여 일체중생으로 하여금 선근에 편안히 머물게 하며
한량없는 모든 부처님의 위신력을 시현하고 일체 모든 언어의
길을 초과하여 모든 큰 보살이 함께 공경하는 바라 응당 교화할
바를 따라서 다 하여금 환희케 하며
모든 부처님의 광대한 몸에 머물러 공덕선근이 다 이미 청정하고
색상이 제일이라 능히 그 빛을 빼앗을 수 없으며

疏

第二에 其身下는 別觀德相이라 二十一德을 分二十段하리니 後二

合故니라 然攝論中엔 二十一德이 通有三節하니 一은 先列經二十
一句요 二는 無著菩薩이 立功德名하야 以爲解釋이요 三은 無性等
이 但釋論名하야 以符經旨라 今各句句配屬인댄 其佛地論釋은
有同攝論하고 有異攝論하니 異者引之리라 今初에 明不二現行은
經也요 卽觀察如來의 一向無障轉功德은 此是無著立名이니 他
皆倣此니라

제 두 번째 그 몸이 무량하다고 한 아래는 공덕의 모습을 따로
관찰하는 것이다.
스물한 가지 공덕을 스무 단락으로 나누리니 뒤에 두 가지를 합한
까닭이다.
그러나 『섭론』 가운데는 스물한 가지 공덕이 모두 삼절이 있나니
첫 번째는 먼저 『불지경』의 스물한 구절을 열거한 것이요
두 번째는 무착보살이 공덕의 이름을 세워 해석한 것이요
세 번째는 무성 등[152]이 다만 논에 공덕의 이름만을 해석하여 경의
뜻에 부합시킨 것이다.
지금에 각각 구절구절을 배속한다면 그 『불지론』의 해석은 『섭론』과
같음이 있기도 하고 『섭론』과 다름이 있기도 하나니,
다른 것만을 인용하겠다.
지금은 처음으로 두 가지 현행現行이 없는 것[153]을 밝힌 것은 『불지

---

152 등等이란, 세친世親이다.
153 원문에 불이현행不二現行은 유이현행有二現行과 상대이니 두 가지 현행이
   없다고 번역한다. 불이현행은 영인본 화엄 7책, p.288, 3행에 현행이장이

경』이요

곧 여래의 일향一向에 장전障轉함이 없는 공덕을 관찰한다고 한
것은 이것은 무착이 이름을 세운 것이니,

다른[154] 공덕은 다 이[155] 공덕을 본받을 것이다.

鈔

今各句句配屬者는 以論中三節을 各一時併擧니 謂第一은 列經二
十一句요 第二는 本論에 一時에 立二十一德之名이요 第三은 釋論에
次第一時牒釋일새 故今各配하야 摘成二十段하니라 疏中에 文各有
二하니 先釋名義요 後釋經文이라 今初는 不二現行이니 先釋名義中
에 具指經論及釋한 三段可知니라 但無性釋論中엔 先牒本論功德
之名하고 後方指經호대 如此段云하니 謂於所知에 一向無障轉功德
者는 此卽開示不二現行이라하니 下皆準此니라 世親은 則先牒經일
새 今疏에 皆先牒經하고 後引本論立名이라 故釋名義中에 且分爲二
하니 一은 牒經立名이요 二는 引釋論釋이라 初中에 其卽觀察如來五
字는 是疏義加니 順於此經에 觀佛德故니라 餘皆是彼論文이라 今初
不二現行은 先牒經立名이니 可知니라

　　세존은 없는 까닭으로 불이현행이라 하였다. 현행이장은 현행생사와 현행열
　　반이다.

154 원문에 他는 나머지 이십공덕二十功德이다.

155 원문에 此는 第一에 무장전공덕無障轉功德이다.

지금에 각각 구절구절을 배속한다고 한 것은 『불지론』 가운데 삼절三
節을 각각 일시에 함께 거론한 것이니,
말하자면 첫 번째는 『불지경』의 스물한 구절을 열거한 것이요
두 번째는 『섭론』 본론에 일시에 스물한 가지 공덕의 이름을 세운
것이요
세 번째는 『석론』에 차례로 일시에 첩문하여 해석하였기에 그런
까닭으로 지금에 각각 배속하여 스무 단락[156]으로 지적하여 성립하
였다.

소문 가운데 문장이 각각 두 가지가 있나니
먼저는 이름의 뜻을 해석한 것이요
뒤에는 경문을 해석한 것이다.
지금은 처음으로 두 가지 현행이 없는 것이니,
먼저 이름의 뜻을 해석하는 가운데 『불지경』과 『섭론』과 그리고
『석론』을 갖추어 가리킨 삼단[157]은 가히 알 수가 있을 것이다.
다만 『무성석론』 가운데는 먼저 본론에 공덕의 이름을 첩문하고
뒤에 바야흐로 『불지경』을 가리키되 이 단段에서 말한 것과 같나니,
말하자면 알 바[158]의 경계에 일향에 장전함이 없는 공덕이라고 한
것은 이것은 곧 두 가지 현행이 없는 것을 열어 보인 것이다 하였으니,
이 아래는 다 이것을 기준할 것이다.

---

156 원문에 二十段은 영인본 화엄 7책, p.342에서 마친다.
157 삼단三段은 영인본 화엄 7책, p.285, 5행에 삼절三節이다.
158 원문에 소지所知란, 그윽이 소지장所知障을 가리키고 있다.

세친은[159] 곧 먼저 『불지경』을 첩문하였기에 지금 소문에 다 먼저 『불지경』을 첩문하고 뒤에 본론을 인용하여 이름을 세운 것이다. 그런 까닭으로 이름의 뜻을 해석하는 가운데 또한 나누어 두 가지로 하였으니

첫 번째는 『불지경』을 첩문하여 이름을 세운 것이요

두 번째는 『석론』을 인용하여 해석한 것이다.

처음 가운데 그 즉관찰여래卽觀察如來라고 한 다섯 글자는 이 소가가 뜻으로 더한 것이니,

이 『화엄경』에 부처님의 공덕을 관찰한다고 한 것에 따른 까닭이다. 나머지는 다 저 『섭론』의 글이다.

지금은 처음으로 두 가지 현행이 없다고 한 것은 먼저 『십지경』을 첩문하여 이름을 세운 것이니 가히 알 수가 있을 것이다.

疏

無性二釋하니 一云호대 謂佛一向無障礙智는 於一切事의 品類差別에 無著無疑故로 非如聲聞等의 有處有障하고 有處無障二種이라하니 此約離所知障하야 智德滿故니라 非如聲聞의 有處有障者는 謂於極遠時方과 無邊差別과 諸佛法中에 無有智轉이라

무성은 두 가지로 해석하였으니

첫 번째 해석에 말하기를 말하자면 부처님의 일향에 장애 없는

지혜는 일체 사실의 품류가 차별함에 집착도 없고 장애도 없는
까닭으로 성문 등의[160] 어떤 곳에는 장애가 있고 어떤 곳에는 장애가
없는 두 가지와는 같지 않다 하였으니,
이것은 소지장을 떠나 지혜의 공덕이 원만함을 잡은 까닭이다.
성문 등의 어떤 곳에 장애가 있는 것과는 같지 않다고 한 것은
말하자면 지극히 먼 시간과 방소[161]와 끝없는 차별과 모든 불법
가운데 지혜가 유전함이 없는[162] 것이다.

鈔

此約離所知障下는 疏取下生起中意하야 以出德體니라

이것은 소지장을 떠나 지혜의 공덕이 원만함을 잡은 까닭이라고
한 아래는 소가疏家가 아래 생기生起 가운데 뜻[163]을 취하여 공덕의

---

160 원문에 비여성문非如聲聞 운운은 世親攝論에 非如聲聞獨覺智가 亦有障亦無
障故라하니라. 즉 세친『섭론』에 성문과 독각의 지혜가 또한 장애가 있고
또한 장애가 없는 것과는 같지 않은 까닭이다 하였다.
161 원문에 극원시방極遠時方은 마치 사리불舍利佛이 구원久遠의 인연因緣을 알지
못하여 출가出家를 허락하지 않는 것과 같나니, 次下에 마땅히 알게 될
것이다.
162 지혜가 유전함이 없다고 한 것은『불지론』제이권에 말하기를 성문 등이
저 모든 경계에 지혜가 장애가 있나니 지극히 먼 시방十方과 끝없는 차별과
모든 불법 가운데 지혜가 유전함이 없는 까닭이다. 여래는 그렇지 않나니
일체 시방과 끝없는 차별 운운하고 장애도 없고 유전함도 없는 까닭이다
하였다. 무유無有를 유무有無라 한 것은 잘못이다.

자체를 설출한 것이다.

疏

第二釋云호대 或二處現行은 此中엔 無有如是所說二種現行이라
하니 此釋二處는 亦前有障無障이나 但前釋約表일새 爲一智轉이
요 此釋約遮일새 故無彼二하니 正同下經의 二行永絶하니라

제 두 번째 해석에 말하기를 혹 두 곳에 현행現行¹⁶⁴은 이 가운데는
이와 같이 설한 바 두 가지 현행이 없다 하였으니,
여기 해석에 두 곳이라고 한 것은 또한 앞의 해석에 장애가 있고
장애가 없다 한 것이지만 다만 앞의 해석은 표전表詮을 잡았기에¹⁶⁵
한 지혜가 유전함이 되는 것이요
여기 해석은 차전遮詮을 잡았기에¹⁶⁶ 그런 까닭으로 저 두 가지¹⁶⁷
현행이 없는 것이니,
바로 아래 경에 두 가지 행이 영원히 끊어졌다는 것과 같다.

---

163 원문에 하생기중의下生起中意란, 영인본 화엄 7책, p.289, 1행에 무성생기無性
 生起라 한 것이다.
164 원문에 이처현행二處現行이란, 생사현행生死現行과 열반현행涅槃現行이다.
165 원문에 단전석약표但前釋約表라고 한 것은 前釋은 不二의 現行이니, 現行이
 곧 一智인 까닭으로 表詮이라 말하는 것이다.
166 원문에 차석약차此釋約遮라고 한 것은 此釋은 두 가지 現行이 없는 까닭으로
 遮詮이라 말하는 것이다. 『잡화기』의 뜻도 이와 같다.
167 원문에 피이彼二란, 생사현행生死現行과 열반현행涅槃現行이다.

疏

世親은 同於後釋하니라 親光云호대 凡夫二乘의 現行二障이 世尊
無故니 凡夫는 現行生死하야 起諸雜染하고 二乘은 現行涅槃하야
棄利樂事어니와 世尊은 無彼現行二障일새 故名不二現行이라하
니라

세친은 뒤에 해석[168]과 같다.
친광親光[169]이 말하기를 범부와 이승의 현행이장現行二障이 세존은
없는 까닭이니,
범부는 생사에 현재 행하여 모든 잡염雜染을 일으키고 이승은 열반에
현재 행하여 이익하고 즐겁게 하는 일[170]을 버리거니와 세존은 저
현행이장이 없기에 그런 까닭으로 두 가지 현행이 없다고 이름한다
하였다.

鈔

世親所解者는 文全同也니라 然世親有四하니 一은 牒經名이요 二는
自解釋이요 三은 擧本論帖이요 四는 重釋이라 如此段云호대 此中不
二現行者는(一牒經) 謂二現行은 此中無有일새 是故로 說名不二現
行이니(二釋義) 卽是於所知에 一向無障礙轉功德이라(三擧本論帖)

168 원문에 후석後釋은 無性의 二釋 가운데 後釋이다.
169 친광親光 운운은 『불지경론佛地經論』 第二卷이다.
170 원문에 이락사利樂事는 중생衆生을 이익케 하고 즐겁게 하는 일을 말한다.

非聲聞獨覺智가 亦有障亦無障故라하니(四重釋也) 文多如此니라
親光下는 會親光釋이니 用此消文하니라

세친이 해석한 바는 문장이 온전히 같다.

그러나 세친의 해석이 네 가지가 있나니

첫 번째는 경의 이름을 첩문한 것이요

두 번째는 스스로 해석한 것이요

세 번째는 본론의 첩문帖文을 거론한 것이요

네 번째는 거듭 해석한 것이다.

이 단段에 말하기를 이 가운데 두 가지 현행이 없다고 한 것은(첫 번째는 경을 첩문한 것이다) 말하자면 두 가지 현행은 이 가운데는 없기에 이런 까닭으로 말하기를 두 가지 현행이 없다고 이름하는 것이니,(두 번째는 뜻을 해석한 것이다)

곧 이것은 알 바의 경계에 일향에 장애도 유전함도 없는 공덕이다.(세 번째는 본론의 첩문을 거론한 것이다)

성문과 독각의 지혜가 또한 장애가 있고 또한 장애가 없다고 한 것과는 같지 않는 까닭이다 하였으니,(네 번째는 거듭 해석한 것이다)

문장이 다분히 여기에서 설한 것과 같다.

친광이라고 말한 아래는 친광의 해석을 회석한 것이니,

이것을 인용하여 현행現行에 대한 문장을 소석消釋하였다.

疏

無性生起云호대 云何而得此最勝覺고할새 故次說호대 此諸聲聞
等은 於所知境에 有二現行하니 所謂正智의 不染無知니 佛無此
故라하니라

무성이 생기하여 말하기를 어떤 것이 이 가장 수승한 깨달음을
얻는 것인가 하기에 그런 까닭으로 다음에 말하기를 이 모든 성문
등은 알 바의 경계에 두 가지 현행이 있나니,
말하자면 바른 지혜의 불염무지不染無知이니[171] 부처는 이것[172]이 없
는 까닭이다 하였다.

鈔

無性生起云下는 第三段이라 此是無性이 釋論總畢하고 重復條流生
起次第어늘 而不曉者가 謂爲再釋이라할새 今亦摘其生起하야 爲二
十段하야 句句別配하니 此卽躡前總句하야 生此別中에 第一句也니

---

171 원문에 정지불염무지正智不染無知는 이승二乘의 정지正智는 불염무지不染無
知를 관계하는 까닭으로, 유장有障과 무장無障의 두 가지 현행現行이 있다
하였을지언정 정지正智는 무장無障이고 불염무지不染無知는 유장有障이라고
말한 것은 아니다. 불염무지不染無知는 이무지二無知 가운데 하나이니 이무지
二無知는 불염무지不染無知와 염오무지染汚無知이다. 二無知는 사전을 참고
할 것이다.
172 이것이란, 불염무지不染無知이다.

라 故前釋云호대 此約離所知障이라하니라 不染無知는 卽所知障體
니 揀異染汚無知耳니라

무성이 생기하여 말하였다고 한 아래는 제 세 번째 단락이다.
이것은 무성이 『섭론』을 해석하여 모두 마치고 거듭 다시 생기의
차례를 조목조목 유출하였거늘 알지 못하는 사람이 말하기를 두
번 해석한 것이 된다 하기에, 지금에 또한 그 생기를 지적하여
스무 단락을 삼아 구절구절을 따로 배속하였으니,
이것은 곧 앞에 총구[173]를 밟아 이 별구 가운데 제 일구를 생기한
것이다.
그런 까닭으로 앞에서 해석[174]하여 말하기를 이것은 소지장을 떠나
지혜의 공덕이 원만함을 잡은 까닭이다 하였다.

불염무지라고 한 것은 곧 소지장의 자체이니
염오무지染汚無知와 다름을 가리는 것이다.

疏

文中分二하리니 初는 廣顯利樂하야 明離所知니 故不同二乘하니
라 二에 住於下는 結成所住하야 彰離煩惱니 不同凡夫하니라 前中

---

173 원문에 前總句란, 영인본 화엄 7책, p.275, 2행, 이시爾時에 일체제천一切諸天
운운한 것이다.
174 원문에 前釋이란, 영인본 화엄 7책, p.287, 4행이다.

三이니 初는 明應廣이니 順機令喜요 二에 普遍下는 明其遍應이니 定慧莊嚴으로 生物善根이요 三에 示現下는 彰應用深廣이니 雖超 語言나 而無遺曲濟니라

경문 가운데 두 가지로 나누리니
처음에는 이익하고 즐겁게[175] 함을 폭넓게 나타내어 소지장을 떠남을 밝힌 것이니,
그런 까닭으로 이승과는 같지 않는 것[176]이요
두 번째 모든 부처님의 광대한 몸에 머문다고 한 아래는 머무는 바를 맺어 성립하여 번뇌장을 떠남을 밝힌 것이니,
범부와는 같지 않는[177] 것이다.

앞의 이익하고 즐겁게 함을 나타내는 가운데 세 가지가 있나니
처음에는 응대함이 광대함을 밝힌 것이니,
근기를 따라 하여금 환희케 하는 것이요
두 번째 널리 두루한다고 한 아래는 두루 응함을 밝힌 것이니,
선정과 지혜의 장엄으로 중생의 선근을 생기하는 것이요
세 번째 시현한다고 한 아래는 응대하는 작용이 깊고도 광대함을

---

175 원문에 낙樂은 경문經文에 환희歡喜의 뜻이다.
176 원문에 부동이승不同二乘이라고 한 것은 二乘은 現行涅槃하야 棄利樂事니 즉 이승은 열반에 현재 행하여 이익하고 즐겁게 하는 일을 버리는 것이다.
177 원문에 부동범부不同凡夫라고 한 것은 凡夫는 現行生死하야 起諸雜染이니 즉 범부는 생사에 현재 행하여 모든 잡염을 일으키는 것이다.

밝힌 것이니,

비록 언어를 뛰어났지만 남김없이 자세히 제도하는 것이다.

鈔

文中二下는 二에 釋文이라 雙用二論하니 初에 廣利樂은 是親光意요
離所知故는 卽無性意요 下離煩惱는 卽唯親光意라 若約親光인댄
不二現行은 雙離二障이요 雙異凡小니라 定慧莊嚴等者는 釋經의 以
佛莊嚴으로 至安住善根이라 言定慧者는 卽法華第一云호대 佛自住
大乘하야 如其所得法하야 定慧力莊嚴하야 以此度衆生故라하니라

경문 가운데 두 가지로 나눈다고 한 아래는 두 번째 경문을 해석한
것이다.

두 가지 논을 함께 인용하였으니,

처음에 이익하고 즐겁게 함을 폭넓게 나타내었다고 한 것은 이것은
친광의 뜻이요

소지장을 떠남을 밝힌 까닭이라고 한 것은 곧 무성의 뜻이요

아래[178] 번뇌장을 떠남을 밝힌 것이라고 한 것은 곧 오직 친광의
뜻이다.

만약 친광의 말을 잡는다면 두 가지 현행이 없다는 것은 이장二障을
함께 떠났다는 것이고, 범부와 소승과는 함께 다르다는 것이다.

---

178 아래란, 두 가지 가운데 제 두 번째이다.

선정과 지혜의 장엄이라고 한 등은 이 경에 부처님의 장엄으로써
선근에 편안히 머물게 한다고 한 것에 이르기까지를 해석한 것이다.

선정과 지혜라고 말한 것은 곧 『법화경』 제일권에 말하기를 부처님
이 스스로 대승에 머물러 그 얻은 바 법과 같이 선정과 지혜의
힘으로 장엄하여 이것으로써 중생을 제도하는 까닭[179]이다 하였다.

疏

二에 結成所住者는 初句는 明智住法身이니 能住所住가 二俱廣
大요 下二句는 心無煩惱니 善根淸淨하고 色相超倫이라 具上二義
가 名淸淨覺이니 他皆倣此니라

두 번째 머무는 바를 맺어 성립한다고 한 것은 처음 구절은 지혜가
법신에 머무는 것을 밝힌 것이니
능히 머물고 머무는 바가 둘이 함께 광대하다는 것이요
아래 두[180] 구절은 마음에 번뇌가 없는 것을 밝힌 것이니
선근이 청정하고 색상이 짝을 초월한 것이다.
위에 두 가지 뜻[181]을 갖춘 것이 이름이 청정한 깨달음이니

---

179 원문에 故 자는 『법화경』의 말이 아니다. 편리상 故 "라하니" 토를 달았을
　　뿐이다.
180 원문에 下와 句 사이에 二 자가 있어야 한다.
181 원문에 상이의上二義라고 한 것은 선근청정善根淸淨과 색상초륜色相超倫이다.
　　또 一에 廣顯利樂하야 明離所知와 二에 結成所住하야 彰離煩惱라 하나니

다른 것은 다 이것을 본받을 것이다.

鈔

能住所住가 俱廣大者는 所住卽法界니 法身이 遍一切處故요 廣大는
智稱法身하야 等彼眞性이 如日光合空하니라 具上二義下는 結歸總
句요 兼例下文이라

능히 머물고 머무는 바가 함께 광대하다고 한 것은 머무는 바라고
한 것은 곧 법계이니 법신이 일체 처소에 두루한 까닭이요
광대하다고 한 것은 지혜가 법신에 칭합하여 저 진성과 같은 것이
마치 태양의 광명이 허공을 함유하는 것과 같다.

위에 두 가지 뜻을 갖추었다고 한 아래는 위로는 총구에 귀결하는
것이고[182] 겸하여 아래 경문에도 비례하는 것이다.

二障을 떠난 까닭으로 淸淨覺이라 이름한다는 것이다.

[182] 원문에 결귀총구結歸總句 운운은 여기가 『불지론佛地論』 二十一句 가운데
第一句이니, 위로는 總句인 爾時에 一切諸天 운운(영인본 화엄 7책, p.275,
2행)에 귀결되고, 아래로는 第二句에 비례한다는 것이다.

經

智慧境界가 不可窮盡이라 無比三昧之所出生이며 其身無際라
遍住一切衆生身中하야 令無量衆生으로 皆大歡喜케하며 令一
切智로 種性不斷케하며

지혜의 경계가 가히 다할 수 없는지라 비교할 수 없는 삼매로
출생한 바이며
그 몸이 끝이 없는지라 일체중생의 몸 가운데 두루 머물러 한량없는
중생으로 하여금 다 크게 환희케 하며
일체 지혜로 하여금 종성이 끊어지지 않게 하며

疏

第二에 智慧已下는 明趣無相法이니 卽觀察如來의 於有無의 無
二相眞如에 最勝淸淨히 能入功德이라

제 두 번째 지혜의 경계라고 한 이하는 무상無相의 법에 취입함[183]을
밝힌 것이니,
곧 여래의 있고 없는[184] 두 가지 모습이 없는 진여에 가장 수승하고

---

183 원문에 취무상법趣無相法은 『불지론佛地論』 二十一句 가운데 第二句이고,
　　無着 二十一功德 가운데 第一功德이다.

184 있고 없는 등이라고 한 것은 세친의 해석을 잡는다면 곧 있는 것과 없는
　　것의 두 가지 모습이 없는 것이니, 두 가지 모습은 도리어 위에 있고 없다(有·

청정하게 능히 들어가는 공덕을 관찰하는 것이다.

疏

無性云호대 爲明斷德일새 故次說之니 不住生死와 涅槃相故라하니 卽無住涅槃이라

무성이 말하기를 단덕斷德을 밝히기 위한 것이기에 그런 까닭으로 다음에 이 공덕을 설한 것이니
생사의 모습과 열반의 모습에 머물지 않는 까닭이다 하였으니, 곧 무주열반이다.

鈔

後에 無性下는 引釋論釋이라 於中文二니 一은 明無性生起니 卽無住

無)는 글자를 가리킨 것으로 진여"에" 토이다. 무성의 해석을 잡는다면 곧 있기도 하고 없기도 하여 두 가지 모습이 없는 것이니, 이 위에는 표전表詮이고 이 아래는 차전遮詮으로 청정"에" 토이다. 역시 『잡화기』의 말이나 혹 유무 "의" 이상二相"이니"(세친석) 토로 유무"하야" 이상二相"이니"(무성석) 토로 보고 진여"에"(세친석) 토로, 청정"에"(무성석) 토로 이어서 볼 수도 있겠다. 그렇다면 관찰이라는 말을 무이상無二相이라는 말 아래에서 번역할 것이다. 그러나 나는 여기에 번역한 것과 같이 보아 관찰이라는 말을 공덕이라는 말 아래에서 번역하였다. 그 뜻은 아래 초문 즉 영인본 화엄 7책, p.293, 9행에 최승능입고最勝能入故며 청정능입고淸淨能入故라 한 세친의 해석 때문 이기도 하다.

涅槃五字는 是疏요 餘皆是論이라

뒤에 무성이라고 한 아래는 『석론』을 인용하여 해석한 것이다.
그 가운데 문장이 두 가지가 있나니
첫 번째는 무성이 생기한 것을 밝힌 것이니,
즉무주열반卽無住涅槃이라고 한 다섯 글자는 이 소가의 말이요
나머지는 다 『석론』의 말이다.

疏

然無相法은 卽是淸淨眞如요 趣謂趣入이니 謂此眞如가 諸法無
性으로 以爲相故로 非是有相이요 體卽圓成하야 自相有故로 非是
無相이라 此二가 不相離일새 名無二相이요 諸法中勝일새 故名最
勝이요 遠離客塵일새 故名淸淨이요 旣自能入하고 亦令他入일새
爲最淸淨이라 自入은 則不住生死요 他入은 則不住涅槃이라

그러나 무상의 법이라고 한 것은 곧 이것은 청정한 진여요
취趣라고 한 것은 말하자면 취입趣入이니,
말하자면 이 진여가 모든 법이 자성이 없는 것으로 모습을 삼는
까닭으로 유상有相이 아니요
자체가 곧 원만하게 성취되어 스스로의 모습이 있는 까닭으로 무상無
相도 아니다.
이 두 가지 모습이 서로 떠나지 않기에 두 가지 모습이 없다고

이름하고

모든 법 가운데 가장 수승하기에 그런 까닭으로 가장 수승하다고 이름하고

객진번뇌를 멀리 떠났기에 그런 까닭으로 청정하다고 이름하고 이미 스스로 능히 들어가고[185] 또한 다른 사람으로 하여금 들어가게 하기에 가장 청정하다고 하는 것이다.

스스로 들어가는 것은 곧 생사에 머물지 않는 것이요

다른 사람으로 하여금 들어가게 하는 것은 열반에 머물지 않는 것[186]이다.

鈔

二에 然無相法下는 疏取釋論釋이라 然疏雙用二釋論文하야 消經及本論名하니 理無不盡이나 而文或取捨하니라 無性具云호대 謂此眞如가 有圓成相하고 無遍計所執相하니 由此道理하야 名無二相이라 無有無相은 是實有故요 無有有相은 所執無故라 最勝淸淨能入功德者는 謂卽眞如가 最勝淸淨하야 一切法中에 最第一故며 遠離一切客塵垢故요 於此眞如에 自覺能入하고 亦令他入일새 是故로 說名最勝淸淨能入功德이라하니라 世親釋云호대 趣無相法者는 謂淸淨眞如는 名無相法이요 趣謂趣入이니 卽是於有無의 無二相眞如에 最勝

---

185 이미 스스로 능히 들어간다고 운운한 것은 이것은 능입으로써 저 소입을 나타낸 것이라고 『잡화기』는 말한다.

186 원문에 부주열반不住涅槃의 뜻은 대도大道의 열반涅槃은 아니라는 뜻이다.

淸淨히 能入功德이라 謂此眞如가 非是有相이니 諸法無性으로 以爲
相故요 亦非無相이니 自相有故니라 於此無相眞如에 最勝淸淨能入
故로 最勝能入故며 淸淨能入故라하니라 釋曰觀上二論하야 以對疏
文하면 昭然可見이리라

두 번째 그러나 무상의 법이라고 한 아래는 소가가 『석론』을 취하여
해석한 것이다.

그러나 소가가 두 가지 『석론』[187]의 글을 함께 인용하여 이 경과
그리고 본론의 이름을 소석하였으니,

이치는 다하지 아니함이 없지만 문장은 혹 취하기도 하고 버리기도
하였다.

무성은 갖추어 말하기를 말하자면 이 진여가 원성실성의 모습만
있고 변계소집의 모습은 없나니,

이 도리를 인유하여 두 가지 모습이 없다고 이름하는 것이다.

무상이 없다고 한 것은 이것은 실성이 있는 까닭이요

유상이 없다고 한 것은 변계소집이 없는 까닭이다.

가장 수승하고 청정하게 능히 들어가는 공덕이라고 한 것은 말하자
면 곧 진여가 가장 수승하고 청정하여 일체법 가운데 가장 제일인
까닭이며 일체 객진번뇌의 때를 멀리 떠난 까닭이요

이 진여에 스스로 깨달아 능히 들어가고 또한 다른 사람으로 하여금
들어가게 하기에 이런 까닭으로 말하기를 가장 수승하고 청정하게

---

187 원문에 이석론二釋論은 역시 세친世親과 무성無性의 논論이다.

능히 들어가는 공덕이라 이름한다 하였다.

세친이 해석하여 말하기를 무상의 법에 취입한다고 한 것은 말하자면 청정한 진여는 이름이 무상의 법이요

취는 말하자면 취입이니,

곧 있고 없는 두 가지 모습이 없는 진여에 가장 수승하고 청정하게 능히 들어가는 공덕이다.

말하자면 이 진여가 유상이 아니니 모든 법이 자성이 없는 것으로 모습을 삼는 까닭이요

또한 무상도 아니니 스스로의 모습이 있는 까닭이다.

이 두 가지 모습이 없는 진여에 가장 수승하고 청정하게 능히 들어가는 까닭으로 가장 수승하게 능히 들어가는 까닭이며

청정하게 능히 들어가는 까닭이다 하였다.

해석하여 말하면 위에 두 가지 『석론』을 관찰하여 소문을 대조한다면 밝게 가히 볼 수 있을 것이다.

疏

文中에 先明自入이요 後明他入이라 今初에 先明不住生死니 智稱如境하야 皆不可盡이요 無比三昧는 令智出生하며 又令眞如로 出二障故니라 二에 其身下는 明不住涅槃이니 同體大悲가 遍住物身하고 心眞如性이 物物遍故니라 二에 令無量下는 辨令他入이니 一은 則大悲冥熏이요 二는 則大智爲說하야 令於身中에 見如來性하야 成一切智일새 故種性不斷이라하니 是入義也니라 此用常寂

일새 **名爲涅槃**이라

경문 가운데 먼저는 스스로 들어감을 밝히고
뒤에는 다른 사람으로 하여금 들어가게 함을 밝힌 것이다.
지금은 처음[188]으로 먼저는 생사에 머물지 아니함을 밝힌 것이니,
지혜가 진여의 경계에 칭합하여 다 가히 다할 수 없는 것이요
비교할 수 없는 삼매는 지혜로 하여금 출생하게 하며 또 진여로
하여금 두 가지 장애를 벗어나게 하는 까닭이다.
두 번째[189] 그 몸이 끝이 없다고 한 아래는 열반에 머물지 아니함을
밝힌 것이니,
동체대비가 중생의 몸에 두루 머물고 마음의 진여자성이 사사물물에
두루한 까닭이다.

두 번째[190] 한량없는 중생으로 하여금이라고 한 아래는 다른 사람으로
하여금 들어가게 함을 분별한 것이니
첫 번째는 곧 큰 자비로 그윽이 훈습하게 하는 것이요
두 번째는 곧 큰 지혜로 설하여 하여금 몸 가운데 여래의 자성을
보아 일체 지혜를 이루게 하기에 그런 까닭으로 종성이 끊어지지
않게 한다 하였으니,
이것이 들어가게 한다는 뜻이다.

---

188 원문에 今初란, 곧 선명자입先明自入에 두 가지가 있나니 此는 先이다.
189 二란, 今初自入에 此는 第二이다.
190 여기서 二란, 후명타입後明他入이다.

이 작용이[191] 항상 고요[192]하기에 이름을 열반이라 하는 것이다.

鈔

遍住物身者는 如有偈云호대 我今解了如來性하니 如來今在我身中하야 我與如來無差別하니 如來卽是我眞如라하니라

중생의 몸에 두루 머문다고 한 것은 저『무성론』에 게송[193]을 두어 말하기를,

내가 지금에 여래의 자성을 알아서 요달하여 보니

여래가 지금 내 몸 가운데 있어

내가 여래로 더불어 차별이 없나니

여래가 곧 이 나의 진여다 하였다.

---

191 이 작용 운운은 무주열반에 귀결하는 것이라고『잡화기』는 말하고 있다.

192 원문에 상적常寂이란, 今不住涅槃義요 非大道涅槃이니 以常寂爲義故也라. 즉 항상 고요하다고 한 것이란 지금에 열반에 머물지 않는다는 뜻이고 대도의 열반은 아니니 항상 고요한 것으로써 뜻을 삼는 까닭이다.

193 원문에 여유게如有偈는『무성론無性論』이다. 아래 영인본 화엄 7책, p.305, 9행에는 如有偈를『無性論』이라 하였다. 上半頌은 상입相入이고, 下半頌은 상즉相卽이다.

經

住於諸佛의 究竟所住하야 生於三世의 諸佛之家하야 令不可數
衆生으로 信解淸淨케하며 令一切菩薩로 智慧成就하야 諸根悅
豫케하며 法雲이 普覆虛空法界하야 教化調伏을 無有遺餘케하며
隨衆生心하야 悉令滿足케하야 令其安住無分別智하야 出過一
切衆生之上케하며

모든 부처님이 구경에 머무신 곳에 머물러 삼세에 모든 부처님의
집에 태어나 가히 헤아릴 수 없는 중생으로 하여금 믿고 아는
것이 청정케 하며
일체 보살로 하여금 지혜가 성취되어 육근이 기쁘게 하며
진리의 구름이 허공계와 법계를 널리 덮어 교화하고 조복하기를
남김없이 하게 하며
중생의 마음을 따라서 다 하여금 만족케 하여 그 중생으로 하여금
무분별 지혜에 편안히 머물러 일체중생의 분상을 벗어나게 하며

疏

第三에 住於諸佛究竟已下는 明住於佛住니 卽觀察如來無功用
佛事의 不休息功德이니 爲欲得上無住涅槃일새 故次明之니라

제 세 번째 모든 부처님이 구경에 머무신 곳에 머문다고 한 이하는
부처님이 머무신 곳에 머무는 것을 밝힌 것이니,

곧 여래의 공력을 쓰지 않는 불사가 쉬지 않는 공덕을 관찰하는
것이니 위에 무주열반을 얻고자 하기에 그런 까닭으로 다음에 이
공덕을 밝힌 것이다.

鈔

爲欲得上下는 第二에 引釋論釋이니 但有生起는 義在釋文之中이라

위에 무주열반을 얻고자 한다고 한 아래는 제 두 번째 『석론』을
인용하여 해석한 것이니,
다만 생기生起만 있는 것은 그 뜻이 경문을 해석[194]하는 가운데 있기
때문이다.

疏

文中에 初明所住요 後彰住益이라 今初에 言佛住者는 謂聖天梵
等이 皆佛所住나 而於性空大悲에 偏善安住하시니 大悲性空이
卽是佛家니라 故能不住生死涅槃이 爲究竟住니 此卽恩德이라
是以親光이 亦名爲觀所調化功德이라하니 常住大悲하야 晝夜六
時에 觀世間故니라 後에 令不可下는 彰住家益이니 初는 明由住大
悲일새 故能益物無遺니 是不休息義요 由住性空하야 自無功用일
새 故能令物로 住無分別하야 出過衆生하나니 總顯勝也니라

---

194 원문에 석문釋文은 바로 다음 소문에 文中에 初明所住 운운한 것이다.

경문 가운데 처음에는 머무를 바를 밝힌 것이요
뒤에는 머무는 이익을 밝힌 것이다.

지금은 처음으로 부처님이 머무신 곳이라고 말한 것은 말하자면
성인과 하늘과 범천 등이 다 부처님이 머무신 곳이지만 그러나
성공性空과 대비에 치우쳐[195] 잘도 편안하게 머무시니,
대비와 성공이 곧 부처님의 집이다.

그런 까닭으로 능히 생사에도 열반에도 머물지 않는 것이 구경에
머무는 것이 되나니, 이것은 곧 은덕恩德[196]이다.

이런 까닭으로 친광이 또한 이름을 조복하여 교화하는 바 공덕을
관찰하는 것이다 하였으니,
항상 대비大悲에 머물러 밤낮으로 육시六時에 세간을 관찰하는 까닭
이다.

뒤에 가히 헤아릴 수 없는 중생으로 하여금이라고 한 아래는 부처님
의 집에 머무는 이익을 밝힌 것이니,
처음에는 대비에 머무름을 인유하기에 그런 까닭으로 능히 중생을
이익케 하되 남김없이 함을 밝힌 것이니 이것은 쉬지 않는다는
뜻이요
성공에 머물러 스스로 공력을 쓸 것이 없음을 인유하기에 그런
까닭으로 능히 중생으로 하여금 무분별지혜에 머물러 중생의 세계를

---

195 원문에 偏은 北藏經엔 偏 자이다.
196 은덕恩德이란, 여기는 은덕을 밝히고 영인본 화엄 7책, p.291, 9행엔 단덕斷德
   을 밝혔다.

벗어나게 하나니 모두 수승함을 나타낸 것이다.

鈔

文中下는 釋文에 爲二하대 從多而言이니 前段卽釋經이요 後段卽釋
論이라 在文易了일새 而取論意어니와 若具引釋論者인댄 無性論云
호대 謂不作功用하고 於諸佛事와 有情等中에 能無間斷하야 隨其所
應하야 恒正安住聖天梵住하나니 非如聲聞의 要作功用하야사 方能
成辦利有情事하며 非如外道의 雖有所住나 而非殊勝하니라 天住는
謂四種靜慮요 梵住는 卽是悲等無量이요 聖住는 卽是空無相等이라
하니라 世親云호대 謂住佛所住는 無所住處니(性空也) 謂此住中에
常作佛事로대 無有休息이라하니(大悲也) 今用二論하야 以釋經文하
니라 大悲性空者는 大悲는 是利他家요 性空은 是自利家라 故法華經
明호대 大悲爲室이라하고 淨名云호대 畢竟空寂舍라하얏거늘 況二相
導하는 眞實家也리요 故雙安住니라 故能不住下는 卽上大悲般若를
所輔翼故니라

경문 가운데라고 한 아래는 경문을 해석함에 두 가지로 하되 많은
것을 좇아서 말한 것이니[197]

---

[197] 많은 것을 좇아서 말한 것이라고 한 것은 전단 가운데는 논에 없는 것이
경에 있기에 그 경에 많이 있는 것을 따른 까닭으로 다만 석경釋經이라
말한 것이고, 후단 가운데는 경에 없는 것이 논에 있기에 그 논에 많이
있는 것을 따른 까닭으로 다만 석론釋論이라 말한 것이라는 뜻이다.

전단[198]은 곧 경문을 해석한 것이요[199]

후단[200]은 곧 『석론』의 뜻이다.

경문은 쉽게 알 수 있기에 『석론』의 뜻만을 취하였거니와, 만약 『석론』을 갖추어 인용한다면 『무성론』에 말하기를 말하자면 공력 쓰기를 짓지 않고 모든 불사와 유정 등의 가운데 능히 간단없이 그들이 응하는 바를 따라서 항상 바로 성인과 하늘과 범천이 머무는 곳에 머무나니,

성문이 반드시 공력 쓰기를 지어야 바야흐로 능히 유정을 이익케 하는 일을 갖추어 이루는 것과는 같지 아니하며

외도가 비록 머무는 곳이 있지만 수승한 곳이 아닌 것과는 같지 않다.

하늘이 머문다고 한 것은 말하자면 네 가지 정려[201]요

범천이 머문다고 한 것은 곧 자비 등[202]이 무량한 것이요

성인이 머문다고 한 것은 곧 공과 무상 등이다 하였다.

『세친론』에 말하기를 말하자면 부처님이 머무신 곳에 머문다고 한 것은 머무를 바 처소가 없다는 것이니,(자성이 공한 것이다) 말하자

---

198 전단前段은 초명소주初明所住이다.

199 경문을 해석한 것이라고 한 것은 곧 저 논과 경에 이 경의 이단二段을 해석한 것과 같은 것이 다 이것인 까닭이다. 뒷장 하下 끝줄(영인본 화엄 7책, p.298, 끝줄)에 경을 해석한다(釋經)고 한 글자도 또한 같다. 역시 『잡화 기』의 말이다.

200 후단後段은 창주가익彰住家益이다.

201 원문에 사종정려四種靜慮는 즉 색계사선色界四禪이다.

202 등等이란, 비悲·희喜·사捨니 즉 사무량四無量이다.

면 이것은 머무는 가운데 항상 불사를 짓되 쉼이 없다 하였으니,(대비인 까닭이다) 지금에는 두『석론』을 인용하여 경문을 해석하였다.

대비와 성공이라고 한 것은 대비는 이 이타의 집이요
성공은 이 자리의 집이다.
그런 까닭으로『법화경』에 밝히기를 대비가 집이 된다 하였고,
『정명경』에 말하기를 필경에 공적한 집이다 하였거늘 하물며 두 가지 모습[203]을 인도하는 진실한 집이겠는가. 그런 까닭으로 두 곳[204]에 편안히 머문다는 것이다.

그런 까닭으로 능히 생사에도 열반에도 머물지 않는다고 한 아래는 곧 위[205]에 대비와 반야를 돕는 바인 까닭이다.

---

203 원문에 二相이란, 대비大悲와 성공性空이다.
204 원문에 쌍처雙處란, 즉 대비大悲와 성공性空이다.
205 위란, 영인본 화엄 7책, p.294, 5행에 一은 대비명훈大悲冥熏이요 二는 대지위설大智爲說이니 즉 경문으로는 영인본 화엄 7책, p.291, 5행에 令無量衆生으로 皆大歡喜케하며 令一切智로 種性不斷케한다 한 것이니 令無量衆生 운운은 대비大悲이고, 令一切智 운운은 대지大智로 반야般若이다.

經

獲一切智하야 放大光明하야 宿世善根이 皆令顯現케하며 普使
一切로 發廣大心하야 令一切衆生으로 安住普賢의 不可壞智케
하며 遍住一切衆生國土하야 從於不退正法中生하야 住於一切
平等法界하며 明了衆生心之所宜하야 現不可說不可說種種差
別如來之身하나니 非世言辭로 而歎可盡하며 能令一切로 常思
念佛이 充滿法界하야 廣度群生케하며 隨初發心하야 所欲利益
하야 以法惠施하야 令其調伏하야 信解清淨하고 示現色身이 不
可思議케하며

일체 지혜를 얻어 큰 광명을 놓아 숙세의 선근이 다 하여금 나타나
게 하며
널리 일체중생으로 하여금 광대한 마음을 일으켜 일체중생으로
하여금 보현의 가히 깨뜨릴 수 없는 지혜에 편안히 머물게 하며
일체중생의 국토에 두루 머물러 물러나지 않는 정법 가운데로
좇아 생기하여 일체 평등한 법계에 머물며
중생의 마음에 마땅한 바를 분명하게 알아 가히 말할 수 없고
가히 말할 수 없는 가지가지 차별한 여래의 몸을 나타내나니 세간의
말로 찬탄하여도 가히 다할 수 없으며
능히 일체중생으로 하여금 항상 부처님을 생각하는 것이 법계에
충만하여 널리 중생을 제도하기를 생각하게 하며
처음 발심하여 이익케 하고자 한 바를 따라 진리로써 은혜로이

보시하여 그들로 하여금 조복하여 믿고 아는 것이 청정하고 색신을
시현하는 것이 사의할 수 없게 하며

疏

第四에 獲一切下는 明逮得一切佛平等性이니 下云得佛平等은
卽觀察如來의 於法身中에 所依와 意樂과 作事의 無差別功德이라

제 네 번째 일체 지혜를 얻는다고 한 아래는 일체 부처님의 평등한
자성을 체득하는 것을 밝힌 것이니
아래[206]에 말하기를 부처님의 평등을 얻는다고 한 것은 곧 여래의
법신 가운데 의지하는 바와 마음에 즐거워하는 것과 불사를 짓는
것의 차별이 없는 공덕을 관찰하는 것이다.

疏

如上佛住는 爲共不共가할새 故次明之하니라 此는 一切諸佛이 展
轉和雜하야 而同住故로 一切諸佛이 三事無差니 非如聲聞의 但
有所依니라

저 위에 부처님이 머문다고 한 것은 함께 머무는 것이 되는가 함께
머물지 않는 것이 되는가[207] 하기에 그런 까닭으로 다음에 이 공덕을

---

206 아래라고 한 것은 영인본 화엄 7책, p.425, 1행이다.
207 원문에 상불주위공불공上佛住爲共不共이란, 영인본 화엄 7책, p.295, 4행에

밝힌 것이다.

이것은 일체 모든 부처님이 전전히 융화하고 섞이어 함께 머무는
까닭으로 일체 모든 부처님의 세 가지 일이 차별이 없는 것[208]이니,
성문이 다만 의지하는 바가 있는 것과는 같지 않는 것이다.

鈔

此一切諸佛下는 躡上生起하야 以爲問端일새 故今答云호대 和雜而
住라하니 此亦釋經이요 從一切諸佛下는 釋論이니 此但標名이라

이것은 일체 모든 부처님이라고 한 아래는 위에 생기함을 밟아서
묻는 단서를 삼았기에 그런 까닭으로 지금에 답하여 말하기를 융화
하고 섞이어 머문다 하였으니,

이것은 또한 경문을 해석한 것이요

일체 모든 부처님의 세 가지 일이 차별이 없다고 한 것으로 좇아
이하는 『석론』이니,

이것은 다만 이름만 표한 것이다.

明住於佛住니 즉 부처님이 머무신 곳에 머문다고 한 것을 밝힌 것이니 앞의
총문總文 가운데 어떤 사람이 물어 말하기를 모든 하늘과 성문은 함께 머무는
가 함께 머물지 않는가 하니 여기에 다음에 이 공덕을 밝힌 것이라고 한
것은 답한 것이니 즉 부처님과 부처님은 함께 머무시고 부처님과 성문은
함께 머물지 않는다는 것이다.

208 원문에 삼사무차三事無差란, 소의所依와 의락意樂과 작사作事이다.

疏

文을 곧 分三하리니 初는 明所依無差別이니 謂一切智는 以一切諸佛
이 皆依眞如의 淸淨智故니라 放大光下는 顯智之用이라 二에 普使
已下는 明意樂無差니 謂同有利樂이 勝意樂故니 普使之言이 卽
意樂也니라 不可壞智는 卽如來藏이니 普賢菩薩의 自體遍故니라
染而不染일새 名不可壞요 反源照極일새 故名安住니라 三에 遍住
下는 明作業無差니 一切에 皆作受用變化로 利他事故니라 於中에
先은 明作業周遍이라

경문을 곧 세 가지로 나누리니
처음에는 의지하는 바가 차별이 없음을 밝힌 것이니,
말하자면 일체 지혜라고 한 것은 일체 모든 부처님이 다 진여의
청정한 지혜를 의지하는 까닭이다.
큰 광명을 놓는다고 한 아래는 지혜의 작용을 나타낸 것이다.
두 번째 널리 일체중생으로 하여금이라고 한 이하는 마음에 즐거워
하는 것이 차별이 없음을 밝힌 것이니,
말하자면 다 같이 이롭고 즐거움[209]이 있게 하는 것이 가장 수승한
마음에 즐거움인 까닭이니,
널리 하여금이라고 말한 것이 곧 마음에 즐거움이다.
가히 깨뜨릴 수 없는 지혜라고 한 것은 곧 여래장이니,

---

[209] 원문에 이락利樂이란, 이락중생利樂衆生이다. 즉 이락중생利樂衆生이 곧 이락
자심利樂自心이다.

보현보살의 자체에 두루한 까닭이다.

물들지만 물들지 않기에 가히 깨뜨릴 수 없다고 이름하고,

근원에 돌아가 그 종극을 비추기에 그런 까닭으로 편안히 머문다고
이름하는 것이다.

세 번째 일체중생의 국토에 두루 머문다고 한 아래[210]는 업을 짓는
것이 차별함을 밝힌 것이니,

일체 국토에 다 수용신과 변화신으로 다른 사람을 이롭게 하는
일을 짓는 까닭이다.

그 가운데 먼저는 업을 짓는 것이 두루함을 밝힌 것이다.

鈔

文中에 別釋三事하대 皆先은 牒名하고 擧釋論釋이요 後는 隨經別解
라 普使之言下는 是疏니 此德을 世親은 但配屬而已니라

경문 가운데 세 가지 일을 따로 해석하되 다 먼저는 이름을 첩문하고
『석론』을 거론하여 해석한 것이요

뒤에는 경문을 따라 따로 해석한 것이다.

널리 하여금이라고 말한 것이라고 한 아래는 이 소가의 말이니,

이 공덕을 세친은 다만 배속만 하였을 뿐이다.

---

210 下 자 다음에 明 자가 있는 것이 좋다.

疏

次에 從於下는 作業所依니 卽自受用身이라 一受不失이 名爲不
退니 謂得法性하면 卽念不退니라 此後엔 親生佛智하고 此智生已
엔 還住法界니라 次에 明了已下는 正顯作業이니 初는 觀機요 後에
現不可說下는 作業이니 受用變化가 各有多類일새 名不可說差
別之身이라 能令已下는 彰業之益이니 一은 能益他요 二에 隨初下
는 滿本所願하야 亦令於物에 能現色身이라 此上四段은 明其自利
요 後에 十七段은 明其利他라

다음에 물러나지 않는 정법 가운데로 좇아 생기한다고 한 아래는
업을 지음에 의지하는 바이니,
곧 자수용신이다.
한번 받음에 잃지 않는 것이 이름이 물러나지 아니함이 되는 것이니,
말하자면 법의 자성을 얻으면 곧 생각이 물러나지 않는[211] 것이다.
이런 뒤에는 친히 부처님의 지혜를 생기하고 이 지혜를 생기한
이후에는 도리어 법계에 머무는 것이다.

다음에 중생들의 마음에 마땅한 바를 분명하게 안다고 한 아래는
업을 짓는 것을 바로 나타낸 것이니,
처음에는 근기를 관찰하는 것이요
뒤에 가히 말할 수 없고 가히 말할 수 없는 가지가지 차별한 여래의

---

211 원문에 염불퇴念不退란, 사불퇴四不退의 하나이니 팔지八地 이상이다.

몸을 나타낸다고 한 아래는 업을 짓는 것이니,
수용신과 변화신이 각각 수많은 유형이 있기에 가히 말할 수 없는
차별한 몸이라 이름하는 것이다.

능히 일체중생으로 하여금이라고 한 이하는 업의 이익을 밝힌 것이니
첫 번째는 능히 다른 사람을 이익케 하는 것이요
두 번째 처음 발심하여 이익케 하고자 하는 바를 따른다고 한 아래는
본래 서원한 바를 만족하여 또한 하여금 중생에게 능히 색신을
시현하게 하는 것이다.
이 위에 사단은 그 자리를 밝힌 것이요
이 뒤에 십칠단은 그 이타를 밝힌 것이다.

經

等觀衆生하야 心無所著하며 住無礙住하야 得佛十力하야 無所障礙하며 心常寂定하야 未曾散亂하야 住一切智하며

중생을 평등하게 관찰하여 마음이 집착하는 바가 없으며
걸림이 없이 머무는 곳에 머물러 부처님의 열 가지 힘을 얻어 장애되는 바가 없으며
마음이 항상 고요히 삼매에 들어 일찍이 산란하지 아니하여 일체 지혜에 머물렀으며

疏

第五에 等觀衆生下는 明到無障處니 卽觀察如來의 修一切障對治功德이라 利他之中에 先明化障對治일새 故次明之니 謂已慣習一切煩惱와 及所知障對治聖道니 卽一切種智와 及定自在性이라

제 다섯 번째 중생을 평등하게 관찰한다고 한 아래는 장애가 없는 곳에 이르는 것을 밝힌 것이니,
곧 여래의 일체 장애를 상대하여 다스리는 것을 닦는 공덕을 관찰하는 것이다.
이타 가운데 먼저 교화함에 장애되는 것을 상대하여 다스리는 것을 밝히기에 그런 까닭으로 다음에 이 공덕을 밝힌 것이니,

말하자면 이미 일체 번뇌장과 그리고 소지장을 상대하여 다스리는
성도聖道를 익힌 것이니
곧 일체²¹²종지와 그리고 삼매의 자재한 성품이다.

鈔

謂已慣習下는 釋功德名이니 全是無性論이라

말하자면 이미 익혔다고 한 아래는 공덕의 이름을 해석한 것이니,
온전히 『무성론』이다.

疏

故論에 名爲修治라하고 又已到永離一切習氣하야 所依趣處라하
며 經에 名到無障處라하니라 二文互顯하니 以有治면 必無障이요
無障이면 由有治故리라

그런 까닭으로 논에 이름을 다스리는 것을 닦는다 하였고
또 이미 일체 습기를 영원히 떠나 의지하여 나아갈 바 처소에 이른다
하였으며

---

212 원문 一切 아래에 種 자가 있어야 한다. 즉 일체종지一切種智이다. 아래
初行에 一切智는 곧 一切智이다. 『잡화기』는 일체종지라고 한 것은 이
소지장의 능치能治이니, 아래 初行의 일체지라는 글자로 더불어 같지 않는
것이다 하였다. 아래 초행이란, 다음 소문 끝줄이다.

경에 이름을 장애되는 바가 없는 곳에 이른다 하였다.

두 가지 문장이 서로 나타났으니

다스림이 있다면 반드시 장애가 없을 것이고, 장애가 없다면 다스림이 있음을 인유한 까닭일 것이다.

鈔

從故論名爲修治下는 疏釋이요 又已到下는 復是無性論釋이라 疏將
屬經일새 故結云호대 二文互顯이라하니라

그런 까닭으로 논에 이름을 다스리는 것을 닦는다고 한 것으로
좇아 아래는 이 소가가 해석한 것이요

또 이미 일체 습기를 영원히 떠나 의지하여 나아갈 바 처소에 이른다
고 한 아래[213]는 다시 『무성론』의 해석이다.

소가는 장차 경문에 배속하고자 하기에 그런 까닭으로 맺어 말하기
를 두 가지 문장이 서로 나타났다 하였다.

疏

文中에 心無所著은 是無煩惱障이요 住無礙住는 明無所知障이라
得佛十力은 卽是種智니 是所知障治요 心常寂定하야 住一切智
는 卽煩惱障治라

---

213 원문 修治라고 한 아래에 下 자가 있으면 좋다.

경문 가운데 마음이 집착하는 바가 없다고 한 것은 이 번뇌장이
없다는 것이요

걸림이 없이 머무는 곳에 머문다고 한 것은 소지장이 없음을 밝힌
것이다.

부처님의 열 가지 힘을 얻었다고 한 것은 곧 이것은 일체종지이니
이 소지장을 다스리는 것이요

마음이 항상 고요히 삼매에 들어 일체 지혜에 머물렀다고 한 것은
곧 번뇌장을 다스리는 것이다.

대방광불화엄경수소연의초 제이십이권의 이권

大方廣佛華嚴經隨疏演義鈔 第二十二卷之二卷

우진국 삼장사문 실차난타 번역
청량산 대화엄사 사문 징관 찬술
대한민국 조계종 사문 수진 현토역주

승도솔천궁품 제이십삼의 이권
昇兜率天宮品 第二十三之二卷

經

善能開演種種文句의 眞實之義하며 能悉深入無邊智海하며 出
生無量功德慧藏하며

잘도 능히 가지가지 문구文句의 진실한 뜻을 열어 연설하며
능히 다 끝없는 지혜의 바다에 깊이 들어가며
한량없는 공덕과 지혜의 창고를 출생하며

疏

第六에 善能開演下는 明不可轉法이니 卽觀察如來의 降伏一切
外道功德이라 由有上能治故로 他不能轉利有情事일새 故次明
之니 謂敎證二法이 皆不爲他의 所動轉故며 無有餘法이 勝過此
故니라

제 여섯 번째 잘도 능히 열어 연설한다고 한 아래는 가히 동전할
수 없는 법을 밝힌 것이니,

곧 여래의 일체 외도를 항복받는 공덕을 관찰하는 것이다.
위[214]에 능히 다스리는 공덕이 있음을 인유한 까닭으로 저 외도가
능히 유정을 이익케 하는 일을 동전할 수 없기에 그런 까닭으로
다음에 이 공덕을 밝힌 것이니,
말하자면 교법과 증법의 두 법[215]이 다 외도의 동전하는 바가 되지
않는 까닭이며
나머지 법이 이보다 수승하거나 지날 수 없는 까닭이다.

疏

文中에 初明教道요 能悉已下는 證道요 出生已下는 二道之益이라

경문 가운데 처음에는 교도를 밝힌 것이요
능히 다라고 한 이하는 증도를 밝힌 것이요
출생한다고 한 이하는 두 가지 도道의 이익이다.

---

214 원문에 上이란, 영인본 화엄 7책, p.300, 末行에 제오일체장대치공덕第五一切
障對治功德이다.
215 法 자는 道 자인 듯하다.

經

恒以佛日로 普照法界하며 隨本願力하야 常現不沒하며 恒住法
界하고 住佛所住하며 無有變異하며 於我我所에 俱無所著하며
住出世法하야 世法無染하며

항상 부처님의 태양으로써 널리 법계를 비추며
본래의 원력을 따라서 항상 나타나 사라지지 아니하며
항상 법계에 머물고 부처님이 머무시는 곳에 머물며
이변이 없으며
아我와 아소我所에 함께 집착하는 바가 없으며
출세간법에 머물러 세간법에 물들지 아니하며

疏

第七에 恒以佛日下는 明所行無礙니 觀察如來의 生在世間이나
不爲世法의 所礙功德이라 顯示如來의 所化之中에 無高下礙일새
故次明之니 謂世八風이 不能拘礙故니라 親光은 名降魔功德이라
하니 謂色等境이 不能亂故니라

제 일곱 번째 항상 부처님의 태양이라고 한 아래는 행하는 바가
걸림이 없음을 밝힌 것이니,
여래의 세간에 태어나 있지만 세간법에 걸리는 바가 되지 않는
공덕을 관찰하는 것이다.

여래가 교화하시는 바 가운데 높고 낮음의 걸림이 없음을 현시하기
에 그런 까닭으로 다음에 이 공덕을 밝힌 것이니,
말하자면 세간의 팔풍八風이 능히 구속하여 장애할 수 없는 까닭이다.
친광은 이름을 마군을 항복받는 공덕이다 하였으니,
말하자면 색 등의 경계가 능히 산란하게 못하는 까닭이다.

鈔

謂世八風下는 釋義니 卽疏取意略釋하고 兼會親光하니 以色等五塵
이 是魔境故니라 至釋文中하야 方出釋論하리라

말하자면 세간의 팔풍이라고 한 아래는 그 뜻[216]을 해석한 것이니,
곧 소가 뜻만을 취하여 간략하게 해석하고 겸하여 친광의 말을
회석하였으니 색 등 오진이 이 마군의 경계인 까닭이다.
경문을 해석하는 가운데[217] 이르러 바야흐로 『석론』을 설출하겠다.

疏

文中에 以佛身日로 普照法界는 則橫無礙요 常現不沒은 則竪無
礙니 不以無信生盲等으로 而不現故니 正顯八風不礙니라 恒住

---

216 釋 자 다음에 義 자가 있으면 좋다.
217 원문에 석문중釋文中이란, 바로 다음 줄(疏文)에 문중이불신일文中以佛身日
　　이하이다.

已下는 顯無礙因이요 無有變異는 示無礙相이니 如摩尼珠가 不隨
物變이라 不著我所는 於內無礙요 世法不染은 於外無礙니 由住
出世가 如蓮華故니라 如有頌云호대 諸佛常游於世間하사 利樂一
切有情類나 八法勢風邪分別이 不能傾動不拘礙라하니라

경문 가운데[218] 불신佛身의 태양으로써 널리 법계를 비춘다고 한
것은 곧 횡으로 걸림이 없는 것이요
항상 나타나 사라지지 않는다고 한 것은 곧 수竪로 걸림이 없는
것이니,
믿음이 없는 것과 생맹 등으로 나타날 수 없는 것이 아닌 까닭이니
바로 팔풍이 장애할 수 없는 것을 나타낸 것이다.

항상 법계에 머문다고 한 이하는 걸림이 없는 원인을 나타낸 것이요
이변이 없다고 한 것은 걸림이 없는 모습을 보인 것이니,
마치 마니주가 사물을 따라 변하지 않는 것과 같다.

아와 아소에 집착하지 않는다고 한 것은 안으로 걸림이 없는 것이요
세간법에 물들지 않는다고 한 것은 밖으로 걸림이 없는 것이니,
출세간에 머무는 것이 마치 연꽃과 같음[219]을 인유한 까닭이다.

저기에 게송을 두어 말하기를

---

218 원문에 문중文中이란, 즉 석문釋文이다. 此下文中도 또한 그렇다.
219 원문에 여연화如蓮華란, 染而不染也니 즉 물들지만 물들지 않는다는 것이다.

모든 부처님이 항상 세간에 노니시어
일체유정의 무리들을 이익하고 즐겁게 하시지만
팔법의 거센 바람 삿된 분별이
능히 기울게도 움직이게도 할 수 없고 구속하여 장애할 수도 없다
하였다.

鈔

不以無信生盲等而不現者는 卽第一迴向中意요 如有頌云은 卽無
性論이라

믿음이 없는 것과 생맹 등으로 나타날 수 없는 것이 아닌 까닭이라고
한 것은 곧 제일 첫 번째 회향 가운데 뜻이요
저기에 게송을 두어 말하였다고 한 것은 곧 『무성론』이다.

經

於一切世間에 建智慧幢하니 其智廣大하야 超過世間하야 無所
染著하며 拔諸衆生하야 令出淤泥케하야 置於最上의 智慧之地
하며 所有福德으로 饒益衆生호대 而無有盡하며 了知一切菩薩
智慧와 信向決定하야 當成正覺하며 以大慈悲로 現不可說無量
佛身하야 種種莊嚴하며 以妙音聲으로 演無量法호대 隨衆生意
하야 悉令滿足케하며

일체 세간에 지혜의 당기를 세우니 그 지혜가 광대하여 세간을
뛰어넘어 물들거나 집착하는 바가 없으며
모든 중생을 빼내어 하여금 진흙탕에서 탈출케 하여 최상의 지혜의
땅에 두며
소유한 복덕으로 중생을 넉넉히 이익케 하되 끝이 없이 하며
일체 보살의 지혜와 믿음과 나아가는 것이 결정하여 마땅히 정각을
성취하는 줄 요달하여 알며
큰 자비로써 가히 말할 수도 없고 한량도 없는 부처님의 몸을
나타내어 가지가지로 장엄하며
묘한 음성으로써 한량없는 법문을 연설하되 중생의 뜻을 따라
다 하여금 만족케 하며

疏

第八에 於一切下는 明其所安立의 不可思議니 卽觀察如來의 安
立正法功德이라 由依前方便하야 能作饒益之事일새 故次明之니
謂十二分敎가 名所安立이니 由深廣故로 不可思議니라

제 여덟 번째 일체 세간이라고 한 아래는 그 안립할 바가 가히
사의할 수 없음을 밝힌 것이니,
곧 여래의 정법을 안립하는 공덕을 관찰하는 것이다.
앞에 방편을 의지하여 능히 넉넉히 이익케 하는 일을 지은 것을
인유하기에 그런 까닭으로 다음에 이 공덕을 밝힌 것이니,
말하자면 십이분교가 이름이 안립할 바이니 깊고 넓음을 인유한
까닭으로 가히 사의할 수 없는 것이다.

鈔

謂十二下는 卽疏取論意釋이니 無性具云호대 謂契經等의 十二分敎
가 名所安立이니 安立彼彼의 自相共相故니라 如是安立은 非諸愚夫
의 覺所行故며 出世間故로 不可思議니 此所安立의 不可思議가 卽
是功德이라

말하자면 십이분교라고 한 아래는 곧 소가가 『무성론』의 뜻을 취하
여 해석한 것이니,
무성이 갖추어 말하기를 말하자면 계경 등 십이분교가 이름이 안립

할 바이니 저기 저[220] 자상과 공상을 안립하는 까닭이다.
이와 같은 안립은 모든 어리석은 범부들이 깨달아 행할 바[221]가
아닌 까닭이며
세간을 벗어난 까닭으로 가히 사의할 수 없는 것이니,
이 안립할 바가 가히 사의할 수 없는 것이 곧 이 공덕이다 하였다.

疏

文中分二하리니 初는 約所詮하야 以辨深廣이요 後는 約能詮하야
以明深廣이라 今初初句는 總顯이니 建卽安立이라 其智下는 釋이
라 超世廣大는 卽是幢義요 拔置智地는 卽是建義요 所有己下는
福智相對하야 明高廣義라

경문 가운데 두 가지로 나누리니
처음에는 소전을 잡아서 깊고도 넓은 것을 분별한 것이요
뒤에는 능전을 잡아서 깊고도 넓은 것을 밝힌 것이다.
지금은 처음으로, 처음 구절은 한꺼번에 나타낸 것이니
건립한다고 한 것은 곧 안립한다는 것이다.

그 지혜가[222] 광대하다고 한 아래는 따로 해석한 것이다.

---

220 원문에 피피彼彼란, 十二分敎이다.
221 원문에 각소행覺所行이란, 망각妄覺의 소행所行이다.
222 그 지혜 운운은 영인본 화엄 7책, p.305, 末行이다.

세간의 광대함을 초월한 것은 곧 당기의 뜻이요
빼내어 지혜의 땅에 둔 것은 곧 건립의 뜻이요
소유한 복덕이라고 한 이하는 복덕과 지혜[223]를 상대하여 높고 넓은
뜻을 밝힌 것이다.

疏

二에 以大慈下는 現身說法이니 約能詮敎하야 以明安立이라

두 번째 큰 자비라고 한 아래는 몸을 나타내어 법을 설하는 것이니,
능전의 가르침을 잡아 안립을 밝힌 것이다.

---

223 복덕福德은 경문에 소유所有 운운이요, 지혜智慧는 경문에 요지일체了知一切
운운이다.

經

於去來今에 心常淸淨하야 令諸衆生으로 不著境界케하며 恒與
一切諸菩薩記하야 令其皆入佛之種性하야 生在佛家하야 得佛
灌頂케하며

과거와 미래와 지금에 마음이 항상 청정하여 모든 중생으로 하여금
경계에 집착하지 않게 하며
항상 일체 모든 보살에게 수기를 주어 그로 하여금 다 부처님의
종성에 들어가 부처님의 집에 태어나 부처님의 관정을 얻게 하며

疏

第九에 於去來今下는 明遊於三世의 平等法性이니 卽觀察如來
의 授記功德이라 以上加行으로 利有情事가 三世諸佛이 皆悉平等
일새 故次明之니 謂於三世平等性中에 能隨解了過去未來에 曾
當轉事로대 皆如現在하야 而授記故라하니 故下經云호대 普見三
世라하니라

제 아홉 번째 과거와 미래와 지금이라고 한 아래는 삼세에 평등한
법성에 노니는 것을 밝힌 것이니,
곧 여래의 수기한 공덕을 관찰하는 것이다.
이상에 가행加行으로써[224] 유정을 이익케 하는 일이 삼세에 모든
부처님이 다 평등하기에 그런 까닭으로 다음에 이 공덕을 밝힌

것이니,

말하자면 삼세의[225] 평등한 법성 가운데 능히 과거와 미래에 일찍이[226] 전변하고 당래[227]에 전변하는 일을 따라서 알지만 다 현재와 같이 수기하는 까닭이다 하였으니,

그런 까닭으로 아래 경[228]에 말하기를 널리 삼세를 본다 하였다.

鈔

謂於三世下는 釋義니 卽無性釋이라 然이나 前에 更有文云호대 謂於三世의 平等法性에 能遍遊涉라하니라 謂於三世平等下는 全同彼論이라 故下經下는 證成이니 以遊三世는 經不明顯故요 以餘義는 文中具之하니라

말하자면 삼세에 평등한 법성이라고 한 아래는 뜻을 해석한 것이니 곧 무성의 해석이다.

그러나 이 문장 앞에 다시 문장을 두어 말하기를 말하자면 삼세에

---

224 원문에 이상가행하以上加行下는 생기生起이다.

225 원문에 위어삼세하謂於三世下는 석의釋義이다.

226 원문에 증증은 과거過去이다.

227 원문에 당당은 미래未來이다.

228 원문에 하경下經이란, 이세간품離世間品인 듯하다. 영인본 화엄 7책, p.343, 4행에 下離世間品이라 하니 此下에 下經도 마찬가지이다. 또 영인본 화엄 7책, p.347, 9행에 여세간품與世間品으로 소유동이小有同異라 하고, 『유망기遺忘記』는 離世間品이라 하였다.

평등한 법성에 능히 두루 노닌다 하였다.

말하자면 삼세에 평등하다고 한 아래는 온전히 저 『무성론』과 같다.
그런 까닭으로 아래 경이라고 한 아래는 증거하여 성립한 것이니,
삼세에 노닌다고 한 것은 경문에 분명하게 나타나지 아니한[229] 까닭
이요
나머지 뜻은 경문 가운데 갖추어 나타나 있다.

疏

文中에 初明三世平等之義일새 故云心常淸淨이라하니 自得平等
이요 令物不著은 使他平等이라 恒與已下는 正明授記니 授記未來
하야 令同過去種性이니 亦名平等이라

경문 가운데 처음에는 삼세에 평등한 뜻을 밝히기에 그런 까닭으로
말하기를 마음이 항상 청정하다 한 것이니,
스스로 평등함을 얻은 것이요
중생으로 하여금 집착하지 않게 한다고 한 것은 다른 사람으로
하여금 평등하게 하는 것이다.

---

229 원문에 경불명현經不明顯이라고 한 것은 삼세에 노닌다고 한 것은 지금
경문經文에 분명하게 나타나지 아니한 까닭으로 下經인 이세간품離世間品으
로 증거하여 성립한 것이다.

항상 일체 모든 보살에게 수기를 준다고 한 이하는 수기를 바로
밝힌 것이니,
미래에 수기하여 하여금 과거의 종성과 같게 하는 것이 또한 이름이
평등인 것이다.

經

常遊十方을 未曾休息이나 而於一切에 無所樂著하며 法界佛刹
에 悉能遍往하야 諸衆生心을 靡不了知나 所有福德은 離世淸淨
하야 不住生死하고 而於世間에 如影普現하며

항상 시방에 노닐기를 일찍이 쉼 없이 하였지만 저 일체에 좋아하거
나 집착하는 바가 없으며
법계 부처님의 세계에 다 능히 두루 가서 모든 중생의 마음을
알지 못함이 없지만 소유한 복덕은 세간을 떠나 청정하여 생사에
머물지 않고 저 세간에 그림자 같이 널리 나타나며

疏

第十에 常遊十方下는 明其身流布一切世間이니 卽觀察如來의
於一切世界에 示現受用變化身功德이라 顯上利益이 一時頓遍
하고 非次第作일새 故次明之니라

제 열 번째 항상 시방에 노닌다고 한 아래는 그 몸을 일체 세간에
유포함을 밝힌 것이니,
곧 여래의 일체 세계에 수용신과 변화신을 시현하는 공덕을 관찰하
는 것이다.
이상에 이익이 일시에 문득 두루하고 차례로 짓는 것이 아님을
나타내기에 그런 까닭으로 다음에 이 공덕을 밝힌 것이다.

鈔

顯上利益下는 生起義니 在文中易일새 故不總釋이라 無性云호대 謂
隨所化하야 遍諸世界하야 示現兩身하야 利樂彼故라하니라

이상에 이익이 일시에 문득 두루하고 차례로 짓는 것이 아님을
나타낸다고 한 아래는 생기의 뜻이니,
경문 가운데 쉽게 알 수 있기에 그런 까닭으로 모두 해석하지 않는다.
무성이 말하기를 말하자면 교화할 바를 따라서 모든 세계에 두루하
여 두 가지 몸을 시현하여 저 중생들을 이익하고 즐겁게 하는 까닭이
다 하였다.

疏

文中初는 通辨二身이니 常約豎窮이요 遍約橫廣이라 十方法界는
綺互其文이라 後에 諸衆生心下는 總顯現相이니 德無不淨일새 故
不住生死요 機無不鑒일새 故普現世間이라

경문 가운데 처음에는 두 가지 몸을 다 말한 것이니,
항상하다고 한 것은 수豎로 다함을 잡은 것이요
두루하다고 한 것은 횡橫으로 넓은 것을 잡은 것이다.
시방과 법계는 그 문채를 비단같이 호용互用[230]할 것이다.

---

230 綺互者는 十方中有世界하고 世界中有十方이라. 즉 그 문채를 비단같이

뒤에 모든 중생의 마음이라고 한 아래는 시현하는 모습을 한꺼번에
나타낸 것이니

복덕이 청정하지 아니함이 없기에 그런 까닭으로 생사에 머물지
않는 것이요

중생을 비추지 아니함이 없기에 그런 까닭으로 세간에 널리 나타나
는 것이다.

호용할 것이라고 한 것은 시방 가운데 세계가 있고 세계 가운데 시방이
있다고 서로 쓴다는 것이니 세계는 곧 법계이다.

經

以智慧月로 普照法界하야 了達一切가 悉無所得하며 恒以智慧
로 知諸世間이 如幻如影하며 如夢如化하야 一切가 皆以心爲自
性하야 如是而住하며

지혜의 달로써 법계를 널리 비추어 일체가 다 얻을 바가 없는
줄 요달하며
항상 지혜로써 모든 세간이 환상과 같고 그림자와 같으며 꿈과
같고 변화와 같아서 일체가 다 마음으로 자성을 삼아 이와 같이
머무는 줄 알며

疏

第十一에 以智慧月下는 明於一切法에 智無疑滯니 卽觀察如來
의 斷疑功德이라 以於上十方의 彼彼之處에 作斷疑事일새 故次明
之니 謂於諸境에 善決定故라하니 故下經云호대 智恒明達一切諸
法이라하니라

제 열한 번째 지혜의 달이라고 한 아래는 일체법에 지혜가 의심하여
막힘이 없음을 밝힌 것이니,
곧 여래의 의심을 끊는 공덕을 관찰하는 것이다.
위에 시방의 저기 저곳에 의심을 끊는 일을 짓기에 그런 까닭으로
다음에 이 공덕을 밝힌 것이니,

말하자면 모든 경계에 잘 결정하는 까닭이다 하였으니 그런 까닭으로 아래 경에 말하기를 지혜로 항상 일체 모든 법을 분명하게 요달한다 하였다.

鈔

謂於諸境下는 釋義니 全無性論이라

말하자면 모든 경계라고 한 아래는 그 뜻을 해석한 것이니, 온전히 『무성론』이다.

疏

文中에 初自斷疑니 非不自決하고 能斷他疑故니라 智月普照는 總明了境이요 了達無得은 是了眞境이니 非不證眞하고 能了俗故니라 恒以智下는 明了俗境이라 一切皆以心爲自性은 義通二境이니 攝境爲心은 是世俗勝義요 心之自性은 卽是眞如니 是勝義勝義니라 如是而住는 以無所得으로 而爲方便하야 雙照眞俗하야 無住住故니 菩薩智光月이 法界以爲輪하야 遊於畢竟空이나 世間靡不現이라 亦可屬上의 現受用身이라

경문 가운데[231] 처음에는 스스로 의심을 끊는 것이니

---

231 원문에 문중文中이란, 즉 석문釋文이다.

스스로 결정하지 못하고 능히 다른 사람의 의심을 끊을 수 없는
까닭이다.

지혜의 달로 널리 비춘다고 한 것은 경계를 요달하는 것을 한꺼번에
밝힌 것이요
얻을 것이 없음을 요달하였다고 한 것은 이것은 진제의 경계를
요달한 것이니,
진제를 증득하지 못하고 능히 속제를 요달할 수 없는 까닭이다.

항상 지혜라고 한 아래는 속제의 경계를 요달함을 밝힌 것이다.
일체가 다 마음으로 자성을 삼는다고 한 것은 그 뜻이 두 가지
경계에 통하나니[232]
경계를 거두어 마음을 삼는 것[233]은 이것은 세속승의제요

---

232 두 가지 경계에 통한다고 한 것은 처음에는 곧 일체법이 다 팔식의 마음으로써
   자체를 삼고 뒤에는 곧 일체법이 다 팔식의 마음인 자성으로써 자체를
   삼는다 하였으니, 이것은 이 강사의 말을 의지한 것이다. 사기私記主인
   나는 곧 일체라는 글자가 두 가지 경계에 통한다고 보나니, 처음에는 곧
   속제의 경계가 오직 마음인 까닭으로 세속승의제라 말하고 뒤에는 곧 진제의
   경계가 마음의 자성이 되는 까닭으로 승의승의제라 말하는 것이다. 자성(性)
   은 당체當體를 잡아 말한 것이고 마음(心)은 이 통래상설과 같나니, 세속승의
   제도 또한 세간의 법상法上에 진리를 취하는 까닭이다. 역시 『잡화기』의
   말이다.
233 원문에 섭경위심攝境爲心은 卽一切皆以心也니 즉 경계를 거두어 마음을
   삼는다고 한 것은 곧 일체가 다 마음이라는 것이다.

마음의 자성²³⁴은 곧 진여이니 이것은 승의승의제이다.

이와 같이 머문다고 한 것은 얻을 바가 없는 것으로써 방편을 삼아
진제와 속제를 함께 비추어 머무를 바 없이 머무는 까닭이니,
보살의 지혜 광명의 달이²³⁵
법계로 바퀴를 삼아
필경의 허공에 노닐지만
세간에 나타나지 아니함이 없는 것이다.
또한 가히 위²³⁶에 수용신을 나타내는 것에도 배속할 수 있다.

鈔

文中二疑도 亦是論文이라 論但有兩句云호대 非於諸法에 自不決定
하고 能決他疑하며(此反釋也) 非離決定하고 能斷疑故라하니(順也)
但疏用上句니라 若準梁論인댄 具四無礙智하야 能自決疑하고 具四
無礙辨하야 能決他疑라하니라 菩薩智光月者는 卽五十九經偈니라
亦可屬上의 現受用身者는 此文이 通二勢하니 上은 約屬十一인댄
爲自斷疑요 亦通第十의 其身流布一切世間인댄 則斷他疑니 方屬
第十一이라 以屬後로 爲正일새 故云亦可屬上이라하니라

234 원문에 심지자성心之自性은 心爲自性也니 즉 마음의 자성이라고 한 것은
   마음으로 자성을 삼는다는 것이다.
235 원문에 보살지광월菩薩智光月 운운은 上半은 진제眞諦를 증거하고, 下半은
   속제俗諦를 증거하는 것이다.
236 원문에 上이란, 영인본 화엄 7책, p.309, 5행, 第十功德이다.

경문 가운데 두 가지 의심도 역시 논문이다.

『무성론』에는 다만 두 구절만 두어 말하기를 모든 법에 스스로 결정하지 못하고 능히 다른 사람의 의심을 결정할 수 없으며,(이것은 반대로 해석한 것이다) 결정을 여의고 능히 의심을 끊을 수 없는[237] 까닭이다 하였으니,(이것은 순리대로 해석한 것이다) 다만[238] 소문에서는 위에 구절만 인용하였을 뿐이다.

만약 『양섭론』을 기준한다면 네 가지 걸림이 없는 지혜를 갖추어 능히 스스로 의심을 결정하고 네 가지 걸림이 없는 변재를 갖추어 능히 다른 사람의 의심을 결정한다 하였다.

보살의 지혜 광명의 달이라고 한 것은 곧 쉰아홉 번째 경의 게송이다.

또한 가히 위[239]에 수용신을 나타내는 것에도 배속할 수 있다고 한 것은 이 문장이 두 가지 문세에 통하나니,

이 위에는 십일단에 배속함을 잡는다면 스스로 의심을 끊는 것이 된다고 함에 통하는 것이요

또한 제 십단에 그 몸을 일체 세간에 유포한다고 함에 통한다면 곧 다른 사람의 의심을 끊게 하는 것이니

바야흐로 제 십일단에 배속한 것이다.

뒤에 배속한 것으로써 정석을 삼기에 그런 까닭으로 말하기를 또한

---

237 원문에 비리결정능단의非離決定能斷疑라고 한 것은 스스로 결정을 여의고 곧 가히 다른 사람의 의심을 끊을 수 없다는 것이다.

238 원문 但 자 아래에 疏 자가 빠진 듯하다.

239 원문에 上이란, 영인본 화엄 7책, p.309, 5행, 第十功德이다.

가히 위²⁴⁰에 수용신을 나타내는 것에도 배속할 수 있다고 한다
하였다.

---

240 원문에 前 자는 소문엔 上 자이다.

經

隨諸衆生의 業報不同과 心樂差別과 諸根各異하야 而現佛身하
며 如來가 恒以無數衆生으로 而爲所緣하야 爲說世間이 皆從緣
起하며 知諸法相이 皆悉無相하야 唯是一相이며 智慧之本하야
欲令衆生으로 離諸相著코자하야 示現一切世間性相하고 而行
於世하야 爲其開示無上菩提하며

모든 중생의 업보가 같지 아니함과 마음에 좋아함이 차별함과
모든 근기가 각각 다름을 따라서 부처님의 몸을 나타내며
여래가 항상 수없는 중생으로써 인연하는 바가 되어 그들을 위하여
세간이 다 인연으로 좇아 일어남을 설하며
모든 법의 모습이 다 모습이 없어서 오직 한 모습이며 지혜의
근본임을 알아 중생으로 하여금 모든 모습에 집착함을 떠나게
하고자 하여 일체 세간의 자성과 모습을 시현하고 세간에 행하여
그들을 위하여 더 이상 없는 보리를 열어 보이며

疏

二에 隨諸已下는 能斷他疑니 初는 明隨機現身이요 如來已下는
所斷疑境이라 爲說緣起는 是斷疑法이니 深入緣起하면 疑見亡故
니라 知緣起無性일새 故知法無相이요 無相無異일새 故名一相이
요 智體理成일새 故爲其本이라

두 번째 모든 중생의 업보 등이 다름을 따른다고 한 이하는 능히 다른 사람의 의심을 끊게 하는 것이니

처음에는 중생을 따라 몸을 나타내는 것을 밝힌 것이요

여래라고 한 이하는 끊을 바 의심의 경계이다.

그들을 위하여 인연으로 좇아 일어남을 설한다고 한 것은 이것은 의심을 끊는 법이니

깊이 연기에 들어가면 의심하는 소견이 없어지는 까닭이다.

연기는 자성이 없는 줄 알기에 그런 까닭으로 법이 모습이 없는 줄 아는 것이요

모습이 없는 것은 다름이 없기에 그런 까닭으로 한 모습이라 이름하는 것이요

지혜의 자체는 진리로 이루어지기에 그런 까닭으로 근본이라 하는 것이다.

鈔

深入緣起者는 淨名云호대 深入緣起하면 斷諸邪見과 有無二邊하야 無復餘習이라하며 寶積偈云호대 說法不有亦不無나 以因緣故諸法生이라하니 故로 由見因緣하야 能斷疑故니라

깊이 연기에 들어간다고 한 것은 『정명경』에 말하기를 깊이 연기에 들어가면 모든 사견과 있고 없음의 두 가지 경계를 끊어 다시 나머지 습기가 없어진다 하였으며

보적동자 게송[241]에 말하기를 법이 있지도 않고 또한 없지도 않다고
말하지만 인연인 까닭으로 모든 법이 생기한다 하였으니,
그런 까닭으로 인연인 줄 봄을 인유하여 능히 의심을 끊는 까닭이다.

疏

後에 欲令下는 正明斷疑니 若離相著케하야 開示菩提인댄 疑方斷
故니라

뒤에 중생으로 하여금 모든 모습에 집착함을 떠나게 하고자 한다고
한 아래는 바로 의심을 끊게 함을 밝힌 것이니,
만약 모든 모습에 집착함을 떠나게 하여 보리를 열어 보인다면
의심이 바야흐로 끊어지는 까닭이다.

---

241 원문에 보적게寶積偈란, 『정명경淨名經』 보적동자寶積童子 게송偈頌이다.

經

爲欲救護一切衆生하야 出現世間하야 開示佛道하야 令其得見
如來身相하야 攀緣憶念하야 勤加修習케하며 除滅世間의 煩惱
之相하야 修菩提行호대 心不散動하야 於大乘門에 皆得圓滿하
야 成就一切諸佛義利케하며

일체중생을 구호하고자 하기 위하여 세간에 출현하여 불도를 열어
보여 그들로 하여금 여래의 신상을 봄을 얻어 반연하고 기억하고
생각하여 부지런히 가행으로 닦아 익히게 하며
세간에 번뇌의 모습을 제멸하여 보리의 행을 닦되 마음이 산란하거
나 동요하지 아니하여 대승의 법문에 다 원만함을 얻어 일체 모든
부처님의 의리義利를 성취케 하며

疏

第十二에 爲欲救下는 明於一切行에 成就大覺이니 卽觀察如來
의 令入種種行功德이라 由所化生의 性有差別일새 故次明之니
謂入種種行하야 皆成大覺이니 下經但云호대 了一切行이라하니라

제 열두 번째 일체중생을 구호하고자 하기 위한다고 한 아래는
일체 행에 들어가 대각을 성취함을 밝힌 것이니,
곧 여래의 하여금 가지가지 행에 들어가게 하는 공덕을 관찰하는
것이다.

교화할 바 중생의 자성이 차별이 있음을 인유하기에 그런 까닭으로
다음에 이 공덕을 밝힌 것이니,
말하자면 가지가지 행에 들어가 다 대각을 성취하는 것이니
아래 경에 다만 말하기를 일체 행을 안다 하였다.

鈔

謂入種種下는 釋義니 二論易故로 但以經으로 屬論而已라 今疏釋意
는 以成就大覺으로 屬所知니 卽隨種種心行差別하야 化之하야 究竟
至於一切智故니 如釋文中하니라 故以法華에 開示悟入意으로 釋耳
니라

말하자면 가지가지 행에 들어간다고 한 아래는 그 뜻을 해석한
것이니,
무성과 세친의 두 가지 논은 쉬운 까닭으로 다만 경으로써 논에
배속하였을 뿐이다.[242]
지금 소문에 해석한 뜻[243]은 대각을 성취함으로써 알 바에 배속한

---

242 다만 경으로써 논에 배속하였을 뿐이라고 한 것은 곧 소문 가운데 인용한
   바를 가리킨 것이니, 저 논(『세친론』·『무성론』)의 뜻은 곧 가지가지 행에
   들어가는 것으로써 대각을 성취함을 삼는다면 곧 각覺은 이 들어가는(入)
   뜻인 까닭으로 능히 아는 것에 속하는 것이니, 소문에 인용한 하경下經은
   다만 저 뜻만을 증거한 것뿐이다. 이상은 『잡화기』의 말이나 하경이란 일체
   행을 안다고 한 것이다.
243 지금 소문에 해석한 뜻이라고 한 것은 곧 뒤에 소문을 가리키는 것이니,

것이니,

곧 가지가지 심행이 차별함을 따라 교화하여 구경에 일체 지혜에 이르게 하는 까닭이니 경문을 해석한 가운데 말한 것과 같다.[244] 그런 까닭으로 『법화경』에 개開·시示·오悟·입入의 뜻으로써 해석한 것이다.[245]

疏

文中初는 約說法令入이니 開示佛道者는 令悟入故니라 後에 令其下는 約現身令入이니 攀緣修習은 是進善行이요 除滅已下는 是離惡行이요 修菩提行은 總擧萬行이요 心不散動은 卽是入義라 旣萬行齊修인댄 則因無不滿이요 果無不成이리라

경문 가운데 처음에는 법을 설하여 하여금 들어가게 함을 잡은 것이니

불도佛道를 열어 보인다고 한 것은 하여금 깨달아 들어가게 하는 까닭이다.

뒤에 그들로 하여금이라고 한 아래는 몸을 나타내어 하여금 들어가

이미 하여금 불도에 들어가게 하였다고 말하였다면 곧 불도는 이 대각이니 이것은 대각으로써 알 바를 삼는 것이다. 역시 『잡화기』의 말이다.

244 원문에 여석문중如釋文中이란, 즉 바로 다음 소문에 文中에 初約 운운 이하 이다.

245 뜻으로 해석한 것이라고 한 것은 『잡화기』에 경문의 뜻을 해석한 것이다 하였다.

게 함을 잡은 것이니

반연하고 닦아 익힌다고 한 것은 이것은 선행을 정진하는 것이요

제멸한다고 한 이하는 이것은 악행을 떠나는 것이요

보리의 행을 닦는다고 한 것은 만행을 한꺼번에 거론한 것이요

마음이 산란하거나 동요하지 않는다고 한 것은 곧 이것은 들어간다

는 뜻이다.

이미 만행을 똑같이 닦았다면 곧 원인이 원만치 아니함이 없을

것이요 결과가 이루어지지 아니함이 없을 것이다.

經

悉能觀察衆生善根이나 而不壞滅淸淨業報하고 智慧明了하야
普入三世하며

중생의 선근을 다 능히 관찰하지만 청정한 업보를 무너뜨리지
않고 지혜로 분명하게 알아 널리 삼세에 들어가며

疏

第十三에 悉能觀察下는 明於諸法에 智無有疑惑이니 卽觀察如
來의 當來法生妙智功德이라 由卽於前所化에 有能無能을 善巧
別知일새 故次明之니 謂聖聲聞言호대 此人이 全無少分善根이나
如來는 知彼善法으로 當生現證이니 過去微少한 善根種子의 所隨
故라하니라

제 열세 번째 다 능히 관찰한다고 한 아래는 모든 법에 지혜가
의혹이 없음을 밝힌 것이니,
곧 여래의 당래에 법으로 묘한 지혜를 생기하는[246] 공덕을 관찰하는
것이다.
곧 앞[247]의 교화할 바에 유능하고 무능함을 선교로 분별하여 앎을

---

246 원문에 여래당래법생묘지如來當來法生妙智란, 여래如來가 중생衆生의 당래當
　　來에 법法을 아는 까닭으로 묘한 지혜를 생기한다는 것이다.
247 앞이란, 第十二功德이다.

인유하기에 그런 까닭으로 다음에 이 공덕을 밝힌 것이니,
말하자면 성성문[248]이 말하기를 이 사람이 온전히 소분의 선근도
없지만 여래는 저 사람이 선법으로 당래 생에 증득한 사람으로
나타나는 줄 아시나니 과거에 적은 선근의 종자를 따른 바인 까닭이
다 하였다.

鈔

由卽於前下는 生起요 謂聖聲聞下는 釋義니 皆無性意라

곧 앞의 교화할 바에 유능하고 무능함을 선교로 분별하여 아는
것을 인유하였다고 한 아래는 생기의 뜻이요
말하자면 성성문이라고 한 아래는 그 뜻을 해석한 것이니,
다 무성의 뜻이다.

疏

故文云호대 悉能觀察이라하고 下經云호대 盡一切疑라하니 如求
度者가 遠劫採薪이라가 興一善念을 佛便知故로 觀已便化일새 故
不壞其淸淨業報라하니라 智慧已下는 釋其所以니 以智普入하야
無不知故라 故親光이 名爲能隨所應하야 恒正敎誨功德이라하니
謂於諸法에 懷疑惑者는 無有堪能隨應敎誨어니와 唯佛能故라하

---

248 성성문聖聲聞이란, 사리불舍利佛 등이다.

니 名智慧明了니라 則第十一은 是自斷疑요 此斷他疑라

그런 까닭으로 경문에 말하기를 다 능히 관찰한다 하였고 아래
경에 말하기를 일체 의심을 다한다 하였으니,
마치 구도求度자가 오랜 세월에 나무를 하다가[249] 한 번 좋은 생각을
일으킨 것을 부처님이 곧 아신 까닭으로 관찰한 이후에 곧 교화하신
것과 같기에 그런 까닭으로 그 청정한 업보를 무너뜨리지 않는다
하였다.
지혜로 분명하게 안다고 한 이하는 그 까닭을 해석한 것이니,
지혜로써 널리 들어가 알지 아니함이 없는 까닭이다.
그런 까닭으로 친광이 능히 응하는 바를 따라서 항상 바르게 가르치
는[250] 공덕이다 이름하나니,
말하자면 모든 법에 의혹을 품은 사람은 응함을 따라 가르치는
것을 능히 감당할 수 없거니와 오직 부처님이라야 능히 감당하는
까닭이다 하였으니, 지혜로 분명히 안다 이름하는 것이다.
곧 제 십일단은 스스로 의심을 끊는 것이요
여기 제 십삼단은 다른 사람의 의심을 끊게 하는 것이다.

鈔

如求度者遠劫採薪者는 卽大莊嚴論第十에 因說供養聲聞하야도 得

---

249 원문에 채신採薪은 나무할 때를 말한다.
250 『십지론十地論』엔 誨 자 다음에 殊勝 두 글자가 더 있다.

無量福거든 何況如來아하야 便引此緣하니라 昔有一人이 因緣力故로 發心出家하야 往至僧坊하야 値佛不在하야 詣身子所한대 身子觀其하고 無少善根이라하거늘 詣諸比丘한대 比丘先問호대 誰不度汝고 云舍利弗이니다 如是展轉히 皆不度之어늘 如來大慈로 至僧坊門하야 爲說偈云호대 一切種智身은 大悲以爲體하나니 佛於三界中에 見諸受化子를 猶如牛求犢하야 愛念無休息이라하시고 以手摩頂하시니 其人悲泣하야 具說不度因緣거늘 佛說偈云호대 身子舍利弗은 彼非一切智며 亦不解體性이며 不盡知中下니라 彼識有齊限하야 不能深解了하며 無有智能知 微細之業報라하시고 遂牽入僧坊하야 與度得道하니라 身子問云호대 我觀此人하니 無少善因거니 云何與度하야 便得道耶닛가 佛言하사대 汝智微淺이라 此人過去의 無量劫前에 爲一貧人하야 入阿蘭若의 山林取薪이라가 爲虎所逼하야 以怖畏故로 稱南無佛거늘 種子今熟일새 故吾度之하야 得羅漢耳라하니 故上云호대 微少善根種子所隨라하니라 則第十一者는 若準無性과 世親인댄 皆十一에 斷他疑라하얏거니와 今順親光일새 故爲此說하니라

마치 구도자가 오랜 세월에 나무를 하다가 한 번 좋은 생각을 일으켰다고 한 것은 곧 『대장엄론』 제십권[251]에 성문에게 공양하여도 한량없는 복을 받거든 어찌 하물며 여래에게 공양함이겠는가 하고, 설함을 인하여 곧 이 연유를 인용하였다.

---

251 『대장엄론』은 『대장엄경론大莊嚴論經』 十五卷 가운데 第十卷이다. 『대장엄론』은 마명보살馬鳴菩薩이 짓고, 나습羅什이 번역하였다. 원문에 第九卷은 第十卷의 잘못이다.

옛날에 어떤 한 사람이 인연의 힘이 있은 까닭으로 발심출가하여
승방에 가서 부처님을 만나려 하였지만 계시지 아니하여 사리불의
처소에 나아간데 사리불이 그 사람을 보고 작은 선근도 없다 하거늘,
다시 모든 비구들 처소에 나아간데 비구들이 먼저 물어 말하기를
누가 그대를 득도시키지 않든가. 그 사람이 말하기를 사리불입니다.
이와 같이 전전히 모두 다 득도를 시키지 않거늘, 여래가 큰 자비로
승방문에 이르러 게송을 설하여 말씀하시기를

일체종지의 몸은

대비로 몸을 삼나니

부처님은 삼계 가운데

모든 교화 받을 제자 보기를

비유하자면 어미 소가 송아지를 구하는 것과 같이 하여

사랑하는 생각이 쉬지 않는다 하시고, 손으로 그 사람의 이마를
만지시니 그 사람이 슬피 울면서 득도하지 못한다고 한 인연을
갖추어 설하거늘, 부처님이 다시 게송을 설하여 말씀하시기를

신자 사리불은

저 스스로가 일체지자[252]도 아니며

또한 체성을 알지도 못하는 사람이며

다 알지도 못하는 사람 가운데 가장 알지 못하는 사람이다.

저 사리불의 지식은 제한이 있어서

---

252 원문 耆 자는 본론(『대장엄론』)에는 없다.

능히 깊이 알 수 없으며

저의 지혜는 미세한 업보를

능히 알 수 없다 하시고, 드디어 승방에 끌고 들어가 득도得度를 주어 도道를 얻게 하였다.

사리불이 물어 말하기를 저가 이 사람을 보니 작은 선근의 원인도 없거니 어떻게 득도를 주어 곧 도를 얻게 하십니까.

부처님이 말씀하시기를 너의 지혜가 미천하구나. 이 사람은 과거 한량없는 세월(劫) 전에 한 가난한 사람이 되어 고요한 산림山林에 들어가 나무를 하다가 호랑이의 핍박하는 바가 되어 두려운 까닭으로 나무불 하고 불렀거늘, 그 종자가 지금에 성숙되었기에 그런 까닭으로 내가 이 사람을 득도하여 아라한의 도를 얻게 한다 하였으니,

그런 까닭으로 위[253]에서 말하기를 적은 선근의 종자를 따른 바인 까닭이다 하였다.

곧 제십일단이라고 한 것은 만약 『무성론』과 『세친론』은 기준한다면 다 십일단에서 다른 사람의 의심을 끊게 한다 하였거니와, 지금에는 친광을 따르기에 그런 까닭으로 이런 말을 하는 것이다.[254]

---

[253] 원문에 上이란, 영인본 화엄 7책, p.315, 9행이다.

[254] 원문에 고위차설故爲此說이란, 영인본 화엄 7책, p.316, 6행에 第十一은 是自斷疑요 此는 斷他疑라 한 것을 말한다.

經

永離一切世間分別하고 放光明網하야 普照十方의 一切世界하
야 無不充滿케하며 色身妙好하야 見者無厭하며 以大功德과 智
慧神通으로 出生種種의 菩薩諸行이나 諸根境界에 自在圓滿하
야 作諸佛事하고 作已便沒하며

일체 세간의 분별을 영원히 버리고 광명의 그물을 놓아 시방의
일체 세계에 널리 비추어 충만케 아니함이 없으며
색신이 묘호하여 보는 사람마다 싫어함이 없으며
큰 공덕과 지혜와 신통으로써 가지가지 보살의 모든 행을 출생하지
만 육근과 경계에 자재하고 원만하여 모든 불사를 짓고 지은 이후에
는 곧 사라지며

疏

第十四에 永離一切下는 明凡所現身을 不可分別이니 下經但云
호대 無能測身이라하니 卽觀察如來의 如其勝解示現功德이라 由
上云善巧別知일새 故此次云호대 於前所化에 邪正及俱行中에
無有分別이라하니라

제 열네 번째 일체 세간의 분별을 영원히 버린다고 한 아래는 무릇
나타낸 바 몸을 가히 분별할 수 없음을 밝힌 것이니,
아래 경에 다만 말하기를 능히 그 몸을 측량할 수 없다 하였으니

곧 여래의 그 수승한 지해(解)와 같이 시현하는 공덕을 관찰하는
것이다.
위에서 선교로 분별하여 안다고 말한 것을 인유하기에 그런 까닭으
로 이 다음에 말하기를 앞의 교화할 바에 사법邪法과 정법正法과
그리고 사법과 정법을 함께 행하는[255] 가운데 분별이 없다 하였다.

鈔

由上善巧別知下는 生起니 此上是疏가 躡前生後라 無性但云호대
卽於所化有情의 邪正俱行中에 所應現相을 不可分別耳라하니 義在
文中하니라

위에서 선교로 분별하여 안다고 말한 것을 인유한다고 한 아래는
생기의 뜻이니,
이 위에는 소가가 앞의 말을 밟아 뒤에 말을 생기한 것이다.
무성이 다만 말하기를 곧 교화할 바 유정의 사법과 정법과 사법과
정법을 함께 행하는 가운데 응당 나타낼 바 모습을 가히 분별할
수 없을 뿐이다[256] 하였으니,

---

255 원문에 구행俱行이란, 위에는 邪와 正을 각각 행하고, 지금은 邪와 正을
    함께 행한다는 것이다. 『잡화기』에는 구행俱行을 곧 부정취不定聚라 하였다.
256 가히 분별할 수 없을 뿐이다 한 것은 저 『무성론』 가운데 먼저 우선 경을
    가리켜 마친 까닭으로 가히 분별할 수 없다 말하고 뒤에 뜻을 해석함에
    이르러 바야흐로 분별할 수 없는 것으로써 해석하니, 그런 까닭으로 말하기를
    그 뜻이 뒤에 경문을 해석한 가운데 있다 한 것이다. 역시 『잡화기』의

그 뜻이 경문 가운데 있다.

疏

文中에 初二句는 明無分別義니 世虛妄解의 種現俱亡일새 故云
永離라하니 由自無分別故로 餘도 不可以分別知니라 故親光이 名
爲能正攝受無染自體하는 殊勝功德이니 謂佛身功德이 非是雜
染分別所起라 無煩惱業生之雜染일새 故不可分別이라하니라 而
無性云호대 隨機現身이 如摩尼珠하야 無分別者는 則順今文의
佛無分別이요 不順彼經의 不可之言이라

경문 가운데 처음에 두 구절은 분별이 없는 뜻을 밝힌 것이니,
세간에 허망한 지해(解)의 종자와 현행이 함께 없기에 그런 까닭으로
말하기를 영원히 버린다 하였으니 스스로 분별이 없음을 인유한
까닭으로 나머지 사람도 가히 분별하여 알 수 없는 것이다.
그런 까닭으로 친광이 잡염이 없는 자체를 능히 바로 섭수하는
수승한 공덕이다 이름하나니[257]
말하자면 불신의 공덕이 잡염의 분별로 생기하는 바가 아니라 번뇌
와 업으로 생기하는 잡염[258]이 없기에 그런 까닭으로 가히 분별할

말이다.

[257] 잡염 운운은 능히 바로 섭수하는 잡염이 없는 수승한 공덕이라 이름하나니로
번역할 수도 있다.

[258] 잡염은 삼잡염三雜染이니 번뇌煩惱와 업業과 생생生生을 삼잡염이라 한다.

수 없는 것이다 하였다.

무성이 말하기를 중생을 따라 몸을 나타내는 것이 마치 마니주와 같아서 분별이 없다고 한 것은 곧 지금의 경문에 부처님은 분별이 없다[259]고 한 것을 따른 것이요, 저『불지경』에 가히 분별할 수 없다고 한 말을 따른 것은 아니다.

鈔

而無性云下는 會通釋論이라 然無性具云호대 謂隨有情의 種種勝解하야 現金色等이니 雖現此身이나 而無分別이 如摩尼珠와 及簫笛等이라하야 廣說호미 如彼如來密經이라하니라 釋曰故疏斷云호대 則順今文이라하니라

무성이 말하였다고 한 아래는『석론』을 회통한 것이다.

그러나 무성이 갖추어 말하기를 말하자면 유정의 가지가지 수승한 지해를 따라 금색 등의 몸을 나타내나니,

비록 이 몸을 나타내지만 분별이 없는 것이 마치 마니주와 그리고 통소와 피리 등과 같다 하여 폭넓게 설한 것이 저『여래밀엄경』과 같다 하였다.

해석하여 말하면 그런 까닭으로 소문에 결단하여 말하기를 곧 지금의 경문에 따른다고 하였다.

---

259 원문에 무분별無分別이란, 경문에 이일체세간분별離一切世間分別이다.

疏

次에 放光明下는 彰所示現이 皆無分別이라 見無厭足은 則顯衆
生이 不能分別이니 如瞿波가 觀佛毛孔하야 念念無厭이나 不能窮
究故니라

다음에 광명의 그물을 놓는다고 한 아래는 시현하는 바가 다 분별이
없음을 밝힌 것이다.
보는 사람마다 싫어하거나 만족함이 없다고 한 것은 곧 중생이
능히 분별할 수 없음을 나타낸 것이니,
마치 구파녀가 부처님의 털구멍을 보아 생각생각에 싫어함이 없지만
능히 궁구할 수 없는 것과 같은 까닭이다.

鈔

如瞿波觀佛毛孔은 即七十五經이라

마치 저 구파녀가 부처님의 털구멍을 보는 것과 같다고 한 것은
곧 화엄 칠십오경이다.

疏

以大功德下는 辨能現德이요 出生已下는 明所現益이요 諸根已
下는 辨所現相이니 謂諸根圓滿하고 境界自在니라 作諸佛事는 總

彰現意요 作己便沒은 明現時分이니 旣隨勝解現인댄 則感謝應
移니라

대공덕이라고 한 아래는 능히 공덕을 나타내는 것을 분별한 것이요
출생이라고 한 이하는 나타낸 바 이익을 밝힌 것이요
육근이라고 한 아래는 나타낸 바 모습을 분별한 것이니,
말하자면 육근이 원만하고 경계에 자재한 것이다.
모든 불사를 짓는다고 한 것은 나타내는 뜻을 한꺼번에 밝힌 것이요
지은 이후에 곧 사라진다고 한 것은 나타내는 시간을 밝힌 것이니,
이미 수승한 지해를 따라 나타내었다면 곧 감感하는 사람이 사례함에
응하는 사람도 옮겨가는 것이다.

經

善能開示過現未來에 一切智道하고 爲諸菩薩하야 普雨無量陀
羅尼雨하야 令其發起廣大欲樂하야 受持修習케하며

과거와 현재와 미래에 일체 지혜의 도를 잘도 능히 열어 보이고
모든 보살을 위하여 한량없는 다라니의 비를 널리 내려 그로 하여금
광대한 욕망과 희락을 일으켜 받아 가지고 닦아 익히게 하며

疏

第十五에 善能開示下는 明一切菩薩의 等所求智니 卽觀察如來
의 無量所依로 調伏有情하는 加行功德이라 爲欲引發任持不定
種性과 聲聞菩薩코자하야 唯讚大乘일새 故次明之니라 言等所求
者는 無不求故니라 佛地에 名爲正所求智라하니 謂唯菩薩이라야
正能求故니라

제 열다섯 번째 잘도 능히 열어 보인다고 한 아래는 일체 보살이
다 같이 구하는 바 지혜를 밝힌 것이니,
곧 여래의 한량없이 의지하는 바로 유정을 조복하는 가행의 공덕을
관찰하는 것이다.
부정종성不定種性과 성문종성과 보살종성을 인발引發[260]하고 임지任

---

260 원문에 인발引發은 부정종성不定種性과 성문종성聲聞種性을 引發한다는 것

持[261]하고자 하기 위하여 오직 대승만을 찬탄하기에 그런 까닭으로
다음에 이 공덕을 밝힌 것이다.

다 같이 구하는 바라고 말한 것은 구하지 아니함이 없는 까닭이다.
『불지경』에 바로 구하는 바 지혜라 이름한다 하였으니,
말하자면 오직 보살이라야 바로 능히 구하는 까닭이다.

鈔

言等所求下는 是疏釋經이니 義在釋文하니라

다 같이 구하는 바라고 말한 것이라 한 아래는 이것은 소가가 경을
해석한 것이니,
그 뜻이 경문을 해석한 가운데 있다.

疏

文中에 初明所求니 卽一切智는 此所求智니 卽是無量菩薩의 所
依라 而言道者는 通因果也라 爲諸已下는 卽成所依義니 謂由無
量菩薩이 爲欲調伏諸有情故로 發起加行호대 要以佛增上力故
로 聞法爲先하고 獲得妙智로 而爲所依니라 令其發起廣大欲樂

___

이다.
261 원문에 임지任持는 보살종성菩薩種性을 任持한다는 것이다.

者는 卽是調伏有情加行이요 受持修習者는 卽成智之因이라

경문 가운데 처음에는 구하는 바를 밝힌 것이니,
곧 일체 지혜라고 한 것은 이것은 구하는 바 지혜이니 곧 한량없는
보살이 의지하는 바이다.
도道라고 말한 것은 인과에 통하는 것이다.
모든 보살菩薩을 위한다고 한 이하는 곧 의지하는 바 뜻을 성립한
것이니,
말하자면 한량없는 보살이 모든 유정을 조복하고자 함을 인유한
까닭으로 가행加行을 일으키되 부처님의 증상력을 필요로 하는 까닭
으로 법문을 듣는 것으로 먼저를 삼고, 묘한 지혜를 얻는 것으로
의지하는 바를 삼는 것이다.
그로 하여금 광대한 욕망과 희락을 일으키게 한다고 한 것은 곧
유정을 조복하는 가행이요
받아 가지고 닦아 익히게 한다고 한 것은 곧 지혜를 이루는 원인이다.

鈔

此所求智니 卽是無量菩薩의 所依者는 卽無性釋이요 而言道下는
是疏釋經이라 謂由無量菩薩은 本論이니 此下에 更有文云호대 異類
菩薩이 攝受付囑하야 展轉相續하야 無間而轉일새 由此로 證得一切
菩薩의 等所求智라하니라 釋曰此卽疏中에 所成之智니 謂依此智化
生하야 令生成於此智일새 故菩薩皆求니라

이것은 구하는 바 지혜이니 곧 한량없는 보살이 의지하는 바라고
한 것은 곧 무성이 해석한 것이요
도라고 말한 것이라고 한 아래는 이것은 소가가 경을 해석한 것이다.

말하자면 한량없는 보살이 모든 유정을 조복하고자 함을 인유한
까닭이라고 한 것은 본론이니[262]
이 문장 아래에 다시 문장을 두어 말하기를 다른 유형의 보살이
섭수하고 부촉하여 전전히 상속하여 간단없이 유전하기에 이것을
인유하여 일체 보살의 다 같이 구하는 바 지혜를 증득케 한다 하였다.
해석하여 말하면 이것은 곧 소문 가운데[263] 이룰 바 지혜라고 한
것이니,
말하자면 이 지혜를 의지하여 중생을 교화하여 중생으로 하여금
이 지혜를 이루게 하기에 그런 까닭으로 보살이 다 같이 구하는
것이다.

---

262 본론 운운한 것은 말하자면 지금 소문에는 다만 한량없는 보살의 법문을
 듣고 지혜를 얻는 것으로 의지하는 바를 삼는 것만 말하였거니와 저 본론인즉
 이 아래에 또 이 보살이 저 다른 유형의 보살을 섭수하고 전전히 교화하여
 저로 하여금 이 지혜를 증득케 한다고 말하였으니, 그러한즉 다른 유형의
 보살은 이 한량없는 보살의 교화할 바일 뿐이다. 역시 『잡화기』의 말이다.
263 이것은 곧 소문 가운데 운운한 것은 소화所化의 소증所證이 곧 능화能化의
 소성所成인 까닭이라고 『잡화기』는 말한다. 혹 소화와 소증이 곧 능화와
 소성인 까닭이라고도 할 수 있겠다.

經

成就一切諸佛功德하야 圓滿熾盛케하야 無邊妙色으로 莊嚴其
身하야 一切世間에 靡不現覩하며 永離一切障礙之法하야 於一
切法眞實之義에 已得淸淨하고 於功德法에 而得自在하며

일체 모든 부처님의 공덕[264]을 성취하여 원만케 하고 치성케 하여
끝없는 묘한 색상으로 그 몸을 장엄하여 일체 세간에 나타냄에
보지 아니함이 없으며
일체 장애하는 법을 영원히 떠나 일체법의 진실한 뜻에 이미 청정함
을 얻었고 공덕의 법에 자재함을 얻었으며

疏

第十六에 成就一切下는 明得佛無二하야 住勝彼岸이니 卽觀察
如來의 平等法身에 波羅蜜多成滿功德이라 爲遮所化가 於大師
所에 疑一切智아 非一切智아할새 故次明之니 由滿諸度가 是一切
智니라 言無二者는 卽平等也라 平等有二하니 一은 法身平等이니
於法身中에 滿諸度故요 二는 果位諸度가 無增減故로 名爲平等
이라 親光은 則以住於法身으로 卽是彼岸이라하야 不說諸度하니
故云法身無差別相이 名爲無二요 緣彼勝定하야 常住其中일새
故名爲住요 卽無二住가 名勝彼岸이요 佛已窮到일새 故名爲得

---

264 공덕功德이란, 바라밀波羅蜜의 공덕이다.

이라

제 열여섯 번째 일체 모든 부처님의 공덕을 성취했다고 한 아래는
부처님이 둘이 없음을 얻어[265] 수승한 피안에 머무신 것[266]을 밝힌
것이니,
곧 여래의 평등한 법신에 바라밀다를 성취하여 원만케 하는 공덕을
관찰하는 것이다.
교화하는 바가 대사의 처소에 일체 지혜인가 일체 지혜가 아닌가
하고 의심하는 것을 막기 위하기에 그런 까닭으로 다음에 이 공덕을
밝힌 것이니,
모든 바라밀을 원만케 하는 이유가 일체 지혜인 것이다.

둘이 없다고 말한 것은 곧 평등이다.
평등에 두 가지가 있나니
첫 번째는 법신이 평등한 것이니 법신 가운데 모든 바라밀을 원만케
하는 까닭이요

---

265 원문에 득불무이得佛無二 운운은 무성의 두 가지 해석 가운데 처음에 뜻으로는
　　부처님이 둘이 없음을 얻어서(無二"하야" 토이다) 토이고, 뒤에 뜻으로는
　　둘이 없음에 머무는(無二"에" 住"하는" 토이다) 토이다. 이상은 『잡화기』의
　　말이나 나는 무이無二"하야" 토로 해석하였다.
266 원문에 득불무이得佛無二란 법신평등法身平等이고, 주승피안住勝彼岸이란
　　제도평등諸度平等이다. 그러나 친광親光은 제도諸度의 평등平等을 말한 것이
　　없는 까닭으로 부처님이 둘이 없음에 머무는 것이 곧 수승한 피안에 머무는
　　것이 된다는 것이다.

두 번째는 과위果位에 모든 바라밀이 증감이 없는 까닭으로 이름을 평등이라 하는 것이다.

친광은 곧 법신에 머무는 것으로써 곧 피안이라 하여 모든 바라밀을 설하지 아니하였으니, 그런 까닭으로 말하기를 법신의 차별이 없는 모습이 이름이 둘이 없는 것이 되는 것이요

저 수승한 삼매를 인연하여 그 가운데 항상 머물기에 그런 까닭으로 이름이 머무는 것이 되는 것이요

곧 둘이 없는 곳에 머무는 것이 이름이 수승한 피안이 되는 것이요 부처님이 이미 궁구하여 이르렀기에 그런 까닭으로 이름이 얻는 것이 되는 것이다.

鈔

由滿諸度下는 疏取意하야 答前疑也라 從言無二下는 卽無性菩薩이 以彼經文으로 會於本論이라 從平等有二下는 釋義니 二義가 皆無性論이라 論云호대 依平等法身하야 波羅蜜多의 果位成滿故라하니 卽前意也니라 論云호대 或平等者는 無減無增이니 於法身中에 波羅蜜多가 一切成滿이나 其中에 無有或增或減하야 非如於彼菩薩地中에 波羅蜜多가 有增有減이라하니 釋曰卽後意也니라 二中에 前義平等은 屬於法身이요 後義平等은 屬於諸度라 然皆法身은 是所滿이요 諸度는 是能滿이라 下에 親光은 法身이 卽是波羅蜜多라하고 世親은 同無性前義하니라

모든 바라밀을 원만케 하는 이유라고 한 아래는 소가가 뜻을 취하여
앞에 의심을 답한 것이다.
둘이 없다고 말한 것으로 좇아 아래[267]는 곧 무성보살이 저『불지경』
문으로써 본론을 회통한 것이다.

평등에 두 가지가 있다고 한 것으로 좇아 아래는 뜻을 해석한 것이니,
두 가지 뜻이 다『무성론』의 뜻이다.
『무성론』에 말하기를 평등한 법신을 의지하여 바라밀다의 과위를
이루어 원만케 하는 까닭이다 하였으니
곧 앞의 뜻[268]이다.
『무성론』에 말하기를 혹 평등이라고 한 것은 덜함도 없고 더함도
없는 것이니,
법신 가운데 바라밀다가 일체를 이루고 원만케 하지만 그 가운데
혹 더함도 혹 덜함도 없어서 저 보살의 지위 가운데 바라밀다가
더함도 있고 덜함도 있는 것과는 같지 않다 하였으니
해석하여 말하면 곧 뒤의 뜻[269]이다.
두 가지 뜻 가운데 앞의 뜻에 평등은 법신에 배속한 것이요
뒤의 뜻에 평등은 모든 바라밀에 배속한 것이다.
그러나 다 법신은 원만케 할 바요

---

267 者 자는 下 자가 좋다. 따라서 고쳐 번역하였다.
268 원문에 전의前意란, 평등平等의 두 가지 뜻 가운데 첫 번째 법신평등의
　　뜻이다.
269 원문에 후의後意란, 평등平等의 두 가지 뜻 가운데 무증감無增減의 뜻이다.

모든 바라밀은 능히 원만케 하는 것이다.

아래에 친광은 법신이 곧 이 바라밀다라 하고
세친은 무성의 앞에 뜻[270]과 같다.

疏

文中에 初滿諸度일새 故云熾盛이요 次無邊下는 以度滿故로 莊嚴
法身이라하니 故法華云호대 微妙淨法身이 具相三十二하며 以八
十種好로 用莊嚴法身이라하니 以十身圓融하야 不相離故니라 言
一切世間者는 不隔凡聖이요 靡不現覩는 雙覩受用變化之身이라
永離已下는 無二礙故니 和合識破하고 相續心滅故니라 於一切
下는 顯現法身하야 智純淨故요 於功德下는 諸度滿故니라

경문 가운데 처음에는 모든 바라밀을 이루어 원만케 하기에 그런
까닭으로 말하기를 치성하다 한 것이요
다음에 끝없는 묘한 색상이라고 한 아래는 바라밀이 원만한 까닭으
로 법신을 장엄한다 한 것이니,
그런 까닭으로 『법화경』에 말하기를 미묘한 청정법신이 삼십이상을
구족하며 팔십종호로 법신 장엄함을 운용한다 하였으니,
열 가지 몸이 원만하여 서로 떠나지 않는 까닭이다.

---

270 원문에 전의前意란, 두 가지 평등平等의 뜻 가운데 앞에 법신평등法身平等의
뜻이다.

일체 세간이라고 말한 것은 범부와 성인이 사이가 없는 것이요
나타냄에 보지 아니함이 없다고 한 것은 수용신과 변화신을 함께
나타낸 것이다.
영원히 떠났다고 한 이하는 두 가지 걸림이 없는 까닭이니[271]
화합식和合識이 깨어지고 상속심相續心이 사라진 까닭이다.
일체법이라고 한 아래는 법신을 나타내어 지혜가 순수하고 맑음을
나타낸 까닭이요
공덕의 법이라고 한 아래는 모든 바라밀이 원만한 까닭이다.

鈔

和合識破는 卽起信意니 前文已有어니와 下復重明하리라

화합식이 깨어졌다고 한 것은 곧 『기신론』의 뜻이니,
전문前文에 이미 있었거니와 하문下文에 다시 거듭 밝히겠다.

---

271 원문에 무이애고無二礙故 운운은 번뇌煩惱의 장애가 없는 까닭으로 화합식和
合識이 깨어져 법신法身이 나타나고, 소지所知의 장애가 없는 까닭으로 상속
심相續心이 사라져 지혜가 맑고도 맑은 것이다. 따라서 이애二礙는 번뇌애煩
惱礙와 소지애所知礙이다.

經

爲大法王하야 如日普照하며 爲世福田하야 具大威德하며 於一
切世間에 普現化身하며 放智慧光하야 悉令開悟케하며 欲令衆
生으로 知佛具足無邊功德케하며 以無礙繒으로 繫頂受位하며 隨
順世間하야 方便開導하며 以智慧手로 安慰衆生하며 爲大醫王
하야 善療衆病하며 一切世間의 無量國土에 悉能遍往하대 未曾
休息하며 淸淨慧眼이 離諸障翳하야 悉能明見하며 於作不善하
는 惡業衆生에 種種調伏하야 令其入道하대 善取時宜하야 無有
休息하며 若諸衆生이 起平等心인댄 卽爲化現平等業報하며 隨
其心樂하고 隨其業果하야 爲現佛身하야 種種神變으로 而爲說
法하며 令其悟解하야 得法智慧하며 心大歡喜하야 諸根踊躍하며
見無量佛하고 起深重信하며 生諸善根하야 永不退轉하며

큰 법왕이 되어 태양과 같이 널리 비추며
세간에 복전이 되어 큰 위덕을 갖추며
일체 세간에 널리 화신을 나타내며
지혜의 광명을 놓아 다 하여금 열어 깨닫게 하며
중생으로 하여금 부처님이 끝없는 공덕을 구족하신 것을 알게
하고자 하며
걸림이 없는 비단 띠로써 머리를 매어 지위를 받으며
세간을 따라 방편으로 열어 인도하며
지혜의 손으로써 중생을 편안히 위로하며

큰 의왕이 되어 수많은 병을 잘 치료하며

일체 세간의 한량없는 국토에 다 능히 두루 가되 일찍이 쉰 적이
없으며

청정한 지혜의 눈이 모든 장애를 떠나 다 능히 분명하게 보며

불선한 마음을 짓는 악업 중생에게 가지가지로 조복하여 그 중생으
로 하여금 도에 들어가게 하되 마땅한 때를 잘 취하여 쉼 없이
하며

만약 모든 중생이 평등한 마음을 일으킨다면 곧 평등한 업보를
변화하여 나타내며

그들의 마음에 좋아함을 따르고 그들의 업에 결과를 따라 부처님의
몸을 나타내어 가지가지 신통변화로 법을 설하며

그들로 하여금 깨달아 법의 지혜를 얻게 하며

마음이 크게 환희하여 육근이 뛰며

한량없는 부처님을 친견하고 깊고 소중한 믿음을 일으키며

모든 선근을 내어 영원히 물러나지 아니하며

疏

第十七에 爲大法王下는 明不相間雜하는 如來解脫妙智究竟이니
卽觀察如來의 隨其勝解하야 示現差別佛土功德이라 以外人이
聞上平等하고 謂同一性일새 故次說言하니라 不相間雜은 謂一切
如來의 十身體用이 各各別故니 猶如冥室千光이라

제 열일곱 번째 큰 법왕이 되었다고 한 아래는 서로 사이에 섞이지 않는 여래의 해탈케 하는 묘한 지혜[272]의 구경을 밝힌 것이니, 곧 여래의 그 수승한 지혜를 따라 차별한 부처님의 극토를 시현하는 공덕을 관찰하는 것이다.

외인들이 위[273]에 평등이라 한 것을 듣고 동일한 자성이라 말하기에 그런 까닭으로 다음에 이 공덕을 설한 것이다.

서로 사이에 섞이지 않는다고 한 것은 말하자면 일체 여래의 열 가지 몸의 자체와 작용이 각각 다른 까닭이니,

비유하자면 어두운 방에 천 개의 등불과 같은 것이다.

鈔

謂一切如下는 釋義니 此是疏家가 總釋經中에 不間雜義니라

말하자면 일체 여래라고 한 아래는 그 뜻을 해석한 것이니, 이것은 소가가 경문 가운데 사이에 섞이지 않는 뜻을 함께 해석한 것이다.

---

272 원문에 여래해탈묘지如來解脫妙智는 여래如來가 이 지혜智慧로 중생衆生을 해탈解脫케 한다는 것이다.

273 원문에 上이란, 第十六功德이다.

疏

但經云호대 如來解脫이라하얏거늘 無著釋云호대 隨其勝解라하고
世親無性은 皆云호대 此中勝解가 名爲解脫이라하니라

다만『불지경』에 말하기를 여래의 해탈이라고만 하였거늘 무착은
해석하여 말하기를 그 수승한 지해를 따른다 하였고,
세친과 무성은 다 말하기를 이 가운데 수승한 지해가 이름이 해탈이
된다 하였다.

鈔

但經云下는 會經論異라 第一은 引二論釋하야 明本論同經이니 故云
勝解가 名爲解脫이라하니라 云何勝解가 得名解脫고 勝解는 謂於境
에 印持爲性이니 如於大地에 作黃金解하면 便成黃金하며 一作多解
하면 便爲多矣니라 斯則不思議한 作用解脫이니 如淨名에 得能令須
彌로 入芥子等하니라

다만『불지경』에 말하였다고 한 아래는『불지경』과『섭론』이 다름을
회통한 것이다.
첫 번째는 두 논의 해석[274]을 인용하여 본론이『불지경』과 같음을
밝힌 것이니,

---

274 원문에 이론석二論釋이란, 세친世親『석론釋論』과 무성無性『석론釋論』이다.

그런 까닭으로 말하기를 수승한 지혜가 이름이 해탈이 된다 하였다.
어떤 것이 수승한 지혜가 해탈이라 이름함을 얻는가.
수승한 지혜라고 하는 것은 말하자면 경계에 찍어 가지는 것으로
자성을 삼는 것이니,
마치 대지大地에 황금이라는 지혜를 지으면 곧 황금을 이루며 하나에
수많은 지혜를 지으면 곧 수많은 지혜를 이루는 것과 같다.
이것은 곧 사의할 수 없는 작용의 해탈이니,
마치 『정명경』에 능히 수미산으로 하여금 개자芥子 안에 들어가게
함을 얻는다고 한 등과 같다.

疏

又勝解者는 通機及佛이니 故無性云호대 謂觀衆生의 勝解差別하
고 現金銀等土나 不相間雜하며 如來勝解가 現在前時에 隨衆生
樂하야 皆悉顯現하야 無不了知할새 名如來解脫等이라

또 수승한 지혜라고 한 것은 중생과 그리고 부처님께 통하는 것이니,
그런 까닭으로 무성이 말하기를 말하자면 중생의 수승한 지혜가
차별함을 관찰하시고 금은 등의 국토를 나타내시지만 서로 사이에
섞이지 아니하며
여래의 수승한 지혜가 앞에 나타나 있을 때에 중생의 좋아함을
따라 다 나타내어 요달하여 알지 못함이 없으시기에 이름을 여래의
해탈이라 하는 것이다 한 등이다.

疏

親光이 又爲一釋호대 卽離障解脫일새 故云如來妙智가 令衆生
解脫이 名如來解脫妙智니 佛於此智에 已得究竟이라하니라

친광이 또 한 가지 해석을 하되 곧 장애를 떠나 해탈하셨기에 그런
까닭으로 말하기를 여래의 묘한 지혜가 중생으로 하여금 해탈케
하는 것이 이름이 여래의 해탈케 하는 묘한 지혜이니,
부처님이 이 지혜에 이미 구경을 얻었다 하였다.

疏

觀今經中인댄 諸論이 各得一意니라

지금 경문 가운데를 관찰한다면 모든 논이 각각 한 가지 뜻만을
얻었을 뿐이다.

疏

復應加佛의 自得離障과 及作用解脫이니 謂文云호대 離諸障翳
故며 具無邊德故며 令其入道故며 明見善惡은 是如來勝解요 其
心所樂은 卽衆生勝解니 是以로 不可偏取니라 下經但云호대 具足
如來平等解脫이라하니라

다시 응당 부처님이 스스로 장애를 떠난 해탈과 그리고 작용의 해탈을 얻은 것을 더해야 할 것이니[275]

말하자면 지금 경문에 말하기를 모든 장애를 떠난[276] 까닭이며, 끝없는 공덕을 구족한[277] 까닭이며,

그 중생으로 하여금 도에 들어가게 하는[278] 까닭이며,

선과 악을 분명하게 본다[279]고 한 것은 이것은 여래의 수승한 지해요 그들의 마음에 좋아하는 바[280]라고 한 것은 곧 중생의 수승한 지해이니,

이런 까닭으로 가히 치우쳐 취하지 말아야 할 것이다.

아래 경에는[281] 다만 말하기를 여래의 평등해탈을 구족한다고만 하였을 뿐이다.

---

275 다시 응당 더해야 한다고 한 것은 친광의 해석과 그리고 무성이 중생의 수승한 지해(解)와 부처님의 수승한 지해(解)를 해석한(영인본 화엄 7책, p.327, 1행) 위에 다시 부처님이 스스로 장애를 떠난 해탈과 그리고 작용의 해탈을 얻은 이런 등의 뜻을 더해야 한다는 것이다. 역시 『잡화기』의 말이다.

276 원문에 이제장예離諸障翳는 영인본 화엄 7책, p.326, 1행이다.

277 원문에 구무변덕具無邊德은 같은 책 p.325, 8행이다.

278 원문에 영기입도令其入道는 같은 책 p.326, 2행이다.

279 원문에 명견선악明見善惡은 같은 책 p.326, 2행이다.

280 원문에 기심소락其心所樂은 같은 책 p.326, 4행이다.

281 아래 경 운운한 것은 증거하여 성립한 것이니 이미 평등해탈을 구족했다고 말한 까닭이다. 다만(但)이라고 말한 것은 다만 한 구절(구족여래평등해탈)만 인용하여 모든 뜻을 포섭하는 까닭이다. 역시 『잡화기』의 말이다.

鈔

復應加佛自離障者는 以親光이 但令衆生離故니라

다시 응당 부처님이 스스로 장애를 떠난 해탈과 그리고 작용의
해탈을 더해야 한다고 한 것은 친광이 다만 중생으로 하여금 장애를
떠나게 하는 까닭이다.

疏

在文分二리니 初는 明變化身土不雜이요 二는 明受用身土不雜이
라 無著은 但云差別佛土라하야 略擧一邊거니와 親光은 則雙明身
土니 合今文意니라 今初變化中에 先身後土라 初中先은 總顯化
身超勝이요 次에 普現者는 通十法界身이요 放智慧光은 合如日義
니라 欲令已下는 彰所化意니 能爲多化가 方顯佛德無邊이라 所以
로 名不間雜者는 以於一切世間에 普化니 一佛旣爾인댄 餘何所
化고할새 故知所屬不同이나 重重皆遍이 是不間雜義니라

경문을 두 가지로 나눌 수 있나니
처음에는 변화신토가 섞이지 아니함을 밝힌 것이요
두 번째는 수용신토가 섞이지 아니함을 밝힌 것이다.
무착은 다만 말하기를 차별불토라 하여 한 면[282]만 간략하게 거론하였

---

282 원문에 일변一邊이란, 곧 토土만 거론하였다는 것이다.

거니와

친광은 곧 신身과 토土를 함께 밝혔으니 지금 경문의 뜻에 부합하는 것이다.

지금은 처음으로 변화신토 가운데 먼저는 변화신이요

뒤에는 변화토이다.

처음 가운데 먼저는 변화신이 초승함을 나타낸 것이요

다음에 화신을 널리 나타낸다고 한 것은 열 가지 법계의 몸에 통하는 것이요

지혜의 광명을 놓는다고 한 것은 태양과 같다는 뜻에 부합하는 것이다.

중생으로 하여금이라고 한 이하는 교화할 바 뜻을 밝힌 것이니, 능히 수많은 중생을 교화하는 것이 바야흐로 부처님의 공덕이 끝이 없음을 나타내는 것이다.

그런 까닭으로 이름을 서로 사이에 섞이지 않는다고 한 것은 일체 세간에 널리 교화하는 것이니,

한 부처님이 이미 그렇게 한다면 나머지 부처님은 어느 곳에서 교화하는가 하기에 그런 까닭으로 소속이 같지 않지만 중중으로 다 두루하는 것이 이것이 서로 사이에 섞이지 않는 뜻인 줄 알아야 할 것이다.

鈔

所以名不間雜下는 隨難別釋이니 卽是釋經이라 於中先問이요 後에
故所屬不同下는 釋이라 所屬不同은 卽無雜義니 如千燈各異요 重重
皆遍은 是無間義니 如光光涉入이니 故上總言호대 如冥室千燈이라
하니라

그런 까닭으로 이름을 서로 사이에 섞이지 않는다고 한 아래는
비난함을 따라 따로 해석한 것이니,
곧 이것은 경문을 해석한 것이다.
그 가운데 먼저는 묻는 것이요
뒤에 그런 까닭으로 소속이 같지 않지만이라고 한 아래는 해석이다.
소속이 같지 않다고 한 것은 곧 섞일 수 없다는 뜻이니,
천 개의 등불이 각각 다른 것과 같은 것이요
중중으로 다 두루한다고 한 것은 이것은 사이가 없다는 뜻이니,
불빛과 불빛이 간섭하여 들어가는 것과 같은 것이니
그런 까닭으로 위에서[283] 한꺼번에 말하기를 어두운 방에 천 개의
등불과 같다고 하였다.

疏

後에 以無礙下는 別明因圓果滿之身이니 初明因圓이요 爲大醫

---

[283] 위라고 한 것은 영인본 화엄 7책, p.326, 末行이다.

下는 現果滿身이라 二에 一切世下는 明現化土니 初는 明非唯能
化라 亦能遍往이요 清淨慧下는 明佛觀機니 卽是如來의 勝解現
前이라 於作不善下는 隨機現土等이니 隨諸眾生하야 應以何國으
로 起調伏心하야 入佛智慧하야 而取佛土고할새 故云善取時宜이
라하고 無適淨穢일새 故云種種이라하니 欲該餘化니라 略無土言이
나 義必含有니라 又對後平等하야 但言不善이나 亦應合有有漏之
善이니라

뒤에 걸림이 없는 비단 따라고 한 아래는 원인이 원만하고 결과가
원만한 몸을 따로 밝힌[284] 것이니
처음에는 원인이 원만함을 밝힌 것이요
큰 의왕이 되었다고 한 아래는 결과가 원만한 몸을 나타낸 것이다.
두 번째 일체 세간이라고 한 아래는 교화하는 극토를 나타낸 것을
밝힌 것이니
처음에는 오직 능히 교화할 뿐만 아니라 또한 일체 극토에 능히
두루 감을 밝힌 것이요
청정한 지혜의 눈이라고 한 아래는 부처님이 중생을 관찰하는 것을
밝힌 것이니,
곧 이것은 여래의 수승한 지해가 앞에 나타나는 것이다.
불선한 마음을 짓는다고 한 아래는 중생을 따라 극토를 나타내는
등이니,

---

[284] 원문에 化 자는 明 자라고 『잡화기』는 말한다.

모든 중생을 따라 응당 어떤 국토로써 조복하는 마음을 일으켜
부처님의 지혜에 들어가 부처님의 국토를 취하는가 하기에 그런
까닭으로 말하기를 마땅한 때를 잘 취한다[285] 하였고, 정토와 예토를
가리지 않기에 그런 까닭으로 말하기를 가지가지[286]라 하였으니
나머지 국토에 교화함을 갖추고자 한 것이다.
국토라는 말이 생략되어 없기는 하지만 뜻은 반드시 포함하고 있는
것이다.
또 뒤[287]에 평등한 마음을 상대하여 다만 불선한 마음이라고 말하였지
만 또한 응당 유루의 선한 마음을 포함하고 있는 것이다.

疏

二에 若諸衆生下는 現受用身土니 先土後身이라 已證眞如는 名
平等心이요 觀受用土는 是平等報라 上則心有高下요 此則依於
佛慧라

두 번째 만약 모든 중생이라고 한 아래는 수용신토를 나타낸 것이니

---

285 원문에 선취시의善取時宜란, 경문經文에 선취시의善取時宜하야 무유휴식無有
休息이라 한 것이니, 즉 부처님이 마땅한 때를 따라 중생衆生을 불토佛土에
들어가게 하되 쉼 없이 한다는 것이다.

286 원문에 종종種種이란, 경문에 종종신변種種神變으로 이위설법而爲說法이라
한 것이니, 즉 가지가지 신통 변화로 법을 설한다는 것이다.

287 뒤(後)란, 영인본 화엄 7책, p.326, 3행에 衆生起平等心也니 즉 중생이 평등한
마음을 일으킨다 한 것이다.

먼저는 국토요 뒤에는 몸이다.

이미 진여를 증득한 것은 이름이 평등한 마음이요

수용토를 보는 것은 평등한 업보이다.

이 위[288]에는 곧 마음이 높고 낮음이 있는 것이요

여기는 곧 부처님의 지혜를 의지한 것이다.

鈔

上則心有高下는 卽淨名經意니 螺髻가 語舍利弗호대 仁者는 心有高下하야 不依佛慧일새 故見此土가 爲不淨耳라하니라 今엔 指上化土는 是隨心高下요 今見受用은 是依佛慧니라

이 위에는 곧 마음이 높고 낮음이 있다고 한 아래는 곧 『정명경』의 뜻이니,

나계범왕이 사리불에게 말하기를 인자는 마음이 높고 낮음이 있어서[289] 부처님의 지혜를 의지하지 못하기에 그런 까닭으로 이 국토가 청정하지 못한 줄 본다 하였다.

지금에는 위[290]에 변화신토는 마음이 높고 낮음을 따른 것이요, 지금에 수용신토를 나타낸 것은 부처님의 지혜를 의지한 것을 가리

---

288 上이란, 원문 약제중생若諸衆生 이전이다.

289 나계범왕 운운은 나계왕螺髻王은 마음이 고하高下가 없고, 사리불舍利佛은 마음이 고하高下가 있나니 그런 까닭으로 보는 것이 서로 다르다.

290 上이란, 영인본 화엄 7책, p.329, 3행이다.

키는 것이다.

疏

後에 隨其心樂下는 現受用身이니 故親光云호대 於淨佛土에 現受用身이나 亦不相雜이라하니라 令其已下는 明現之益이니 親光云호대 大集會中에 現種種身하야 與諸菩薩로 受用法樂이나 亦不相雜이라하니 得智心喜等이 皆法樂也라 又心大歡喜는 卽是初地에 見諸佛故로 生歡喜等이라 以證生信일새 故名深重이요 以證不退일새 故得永言이라

뒤에 그 마음에 좋아함을 따른다고 한 아래는 수용신을 나타낸 것이니,
그런 까닭으로 친광이 말하기를 청정한 부처님의 국토에 수용신을 나타내지만 또한 서로 섞이지 않는다 하였다.
그들로 하여금 깨닫게 한다고 한 이하는 나타내는 이익을 밝힌 것이니,
친광이 말하기를 큰 집회 가운데 가지가지 몸을 나타내어 모든 보살로 더불어 법락을 수용케 하지만 또한 서로 섞이지 않게 한다 하였으니
지혜를 얻고 마음이 환희하는[291] 등이 다 법락이다.

---

[291] 원문에 득지得智는 득법지혜得法智慧이고, 심희心喜는 심대환희心大歡喜이다. 즉 지혜를 얻는다고 한 것은 경문에 법의 지혜를 얻는다 한 것이고, 마음이

또 마음이 크게 환희하다고 한 것은 곧 초지에 모든 부처님을 친견한
까닭으로 환희심을 낸다고 한 등이다.

증득함에 믿음을 생기하기에 그런 까닭으로 깊고 소중하다고 이름하
는 것이요

증득함에 물러나지 않기에 그런 까닭으로 영원하다는 말[292]을 얻는
것이다.

환희하다고 한 것은 경문에 마음이 크게 환희하다고 한 것이다.

292 원문에 영언永言이란, 영불퇴전永不退轉이다. 즉 영원히 물러나지 않는다는
것이다.

經

一切衆生이 隨業所繫하야 長眠生死일새 如來出世하사 能覺悟
之하고 安慰其心하야 使無憂怖케하며 若得見者인댄 悉令證入無
依義智케하며 智慧善巧로 了達境界하며 莊嚴妙好하야 無能映
奪하며 智山法芽가 悉已淸淨하며 或現菩薩하고 或現佛身하야
令諸衆生으로 至無患地케하며 無數功德之所莊嚴과 業行所成
으로 現於世間하시니 一切諸佛의 莊嚴淸淨이 莫不皆以一切智
業之所成就하며

일체중생이 업에 매인 바를 따라서 생사에 길이 자고 있기에 여래
가 세상에 출현하여 능히 그들을 깨닫게 하고 그들의 마음을 편안
히 위로하여 하여금 근심과 두려움이 없게 하며
만약 친견함을 얻는 사람이 있다면 다 하여금 의지함이 없는 의지
義智에 증득하여 들어가게 하며
지혜의 좋은 기술로 경계를 요달하며
장엄이 묘호하여 능히 비추어 빼앗을 수 없으며
지혜의 산과 진리의 싹이 다 이미 청정하며
혹은 보살을 나타내고 혹은 불신을 나타내어 모든 중생으로 하여금
근심이 없는 지위에 이르게 하며
수없는 공덕의 장엄한 바와 업행의 이룬 바로 세간에 출현하시니,
일체 모든 부처님의 장엄이 청정한 것이 다 일체 지혜 업의 성취한
바가 아님이 없으며

疏

第十八에 一切衆生下는 明證無中邊한 佛平等地니 卽觀察如來
의 三種佛身이 方處無分限功德이라 由疑上如來의 妙智究竟에
非一非異라하니 其相云何고할새 故次明此니라 無中邊等은 常無
常等이 皆二邊相이라 言方處者는 謂諸世界요 無分限者는 釋無
中邊이라 此無中邊에 略有四義하니 一은 世界無中邊이니 佛德如
彼하야 無有分限이요 二는 世界無邊이니 諸佛十身이 卽於其中에
稱世界量하야 平等遍滿이요 三은 此法身等이 於佛地中에 平等遍
滿하야 無中無邊하고 無有分限이요 四는 此法身等이 遍一切處하
야 爲諸衆生하야 現作饒益이나 然非自性일새 無中無邊이라 親光
이 復名此하야 爲眞如相의 殊勝功德이니 謂眞如相이 無有中邊이
라 如此眞如는 卽是佛地에 平等法性이니 證此性故로 遍知一切니
於中不染이라하니라 今此文中엔 總顯十身이 皆無分限이라

제 열여덟 번째 일체중생이라고 한 아래는 중간도 끝도 없음을
증득한 부처님의 평등한 지위를 밝힌 것이니,
곧 여래의 세 가지 불신이 처소가 분한이 없는 공덕을 관찰하는
것이다.
위[293]에서 여래의 묘한 지혜가 구경에 하나도 아니고 다르지도 않다
하였으니 그 모습이 어떠한가 하고 의심한 것을 인유하기에 그런

___
293 원문에 上이란, 第十七段이다.

까닭으로 다음에 이 공덕을 밝힌 것이다.

중간도 끝도 없다고 한 등은[294] 영원한 것과 영원하지 않는 등이
다 이변二邊의 모습이다.
처소라고 말한 것은[295] 모든 세계를 말한 것이요
분한이 없다고 한 것은 중간도 끝도 없다는 것을 해석한 것이다.
이 중간도 끝도 없다는 것에 간략하게 네 가지 뜻이 있나니
첫 번째는 세계가 중간도 끝도 없는 것이니 부처님의 공덕이 저와
같아서 분한이 없는 것이요
두 번째는 세계가 끝이 없는 것이니 모든 부처님의 열 가지 몸[296]이
곧 그 가운데 세계의 분량에 칭합하여 평등하게 두루 가득한 것이요
세 번째는 이 법신 등이 부처님의 지위 가운데 평등하게 두루 가득하
여 중간도 없고 끝도 없고 분한도 없는 것이요
네 번째는 이 법신 등이 일체 처소에 두루하여 모든 중생을 위하여
현재 넉넉한 이익을 짓지만 그러나 자성이 아니기에 중간도 없고
끝도 없는 것이다.[297]

---

294 원문에 무중변등無中邊等이라고 한 아래는 邊 자를 해석한 것이다.
295 원문에 언방처자言方處者라고 한 아래는 邊 자의 뜻을 해석한 것이다.
296 모든 부처님의 열 가지 몸이라고 한 것은 저『무성론』에 말하기를 세 가지
    몸(영인본 화엄 7책, p.334, 6행에 있다)이라 하였거늘, 지금에는 이 경을
    따른 까닭으로 열 가지 몸이라 하였다. 역시『잡화기』의 말이다.
297 원문에 비자성非自性 무중무변無中無邊이라고 한 것은 즉 현재 넉넉한 이익을
    짓는 것이 진여의 자성이 아니기에 그런 까닭으로 진여는 중간中間도 끝도
    없다고 말하는 것이다.『잡화기雜華記』엔 근기를 상대하여 나타낸 까닭이니

친광이 다시 이것을 이름하여 진여의 모습이 수승한 공덕이 되나니,
말하자면 진여의 모습이 중간도 끝도 없는 것이다.
이와 같은 진여는 곧 부처님의 지위에 평등한 법성이니,
이 법성을 증득한 까닭으로 일체를 두루 알지만 그 중간에 물들지
않는다 하였다.
지금 이 경문 가운데는 열 가지 몸이 다 분한이 없음을 한꺼번에
나타내었다.

鈔

由疑上如來妙智下는 生起니 此但發揮前義耳니라 此無中邊에 略
有四義下는 總會論하야 以釋其義니 初之四釋은 皆無性意라 然此四
意異者는 一은 以世界爲喩요 二는 佛身滿世界中이니 上二는 皆用世
界라 三은 法身이 遍佛地中이요 四는 以契中道故라 然疏取意나 義則
已周어니와 若具無性之文云인댄 謂如世界가 無中邊하야 佛地亦爾
하야 功德方處가 無有分限하며 或復世界의 方處無邊하니 諸佛三身
이 卽於其中에 稱世界量하야 平等遍滿하나라 以法身等이 卽住如是
諸世界中하고 非餘處故며 或法身等이 於佛地中에 平等遍滿하야 無
中無邊하고 無有分限하며 或此法身等이 遍一切處하야 爲諸衆生하
야 現作饒益이나 然非自性일새 無中無邊이라하나라 釋曰以疏四段으

작익作益은 비무非無요, 비성非性은 비유非有니 그런 까닭으로 중도中道라
하였다. 또 하나의 해석은 "진여의 자성은 중간中間도 끝도 없다는 것도
아니다"고 해석할 수 있다. 此下 영인본 화엄 7책, p.334, 9행도 마찬가지이다.

로 對之可知니 則親光意는 義同後一하니라

위에서 여래의 묘한 지혜가 구경에 하나도 아니고 다르지도 않다
하였으니 그 모습이 어떠한가 하고 의심한 것을 인유하였다고 한
아래는 생기의 뜻이니,
이것은 다만 앞에 뜻을 일으켜 드러낸 것일 뿐이다.

이 중간도 끝도 없다는 것에 간략하게 네 가지 뜻이 있다고 한
아래는 모두 논을 회통하여 그 뜻을 해석한 것이니
처음에 네 가지 해석은 다 무성의 뜻이다.
그러나 이 네 가지 뜻이 다른 것은 첫 번째는 세계로써 비유한
것이요
두 번째는 부처님의 몸이 세계 가운데 가득한 것이니,
위에 두 가지는 다 세계를 인용한 것이다.
세 번째는 법신이 부처님의 지위 가운데 두루한 것이요
네 번째는 중도에 계합한 까닭이다.
그러나 소문에는 뜻만을 취하였지만 그 뜻이 곧 이미 두루하였거
니와
만약 『무성론』의 문장을 갖추어 말한다면, 말하자면 세계[298]가 중간
도 없고 끝도 없는 것과 같아서 부처님의 지위도 또한 그러하여
공덕의 처소가 분한이 없으며

---

[298] 원문에 間 자는 界 자의 잘못이다.

혹 다시 세계의 처소가 끝이 없나니 모든 부처님의 세 가지 몸이 곧 그 가운데 세계의 분량에 칭합하여 평등하게 두루하는 것이다.

법신 등이 곧 이와 같은 모든 세계 가운데 머물고 다른 곳에 머물지 않는 까닭이며

혹 법신 등이 부처님의 지위 가운데 평등하게 두루 가득하여 중간도 없고 끝도 없고 분한도 없으며

혹 이 법신 등이 일체 처소에 두루하여 모든 중생을 위하여 현재 넉넉한 이익을 짓지만 그러나 자성이 아니기에 중간도 없고 끝도 없다 하였다.

해석하여 말하면 소문에 사단四段²⁹⁹으로써 상대한다면 가히 알 수가 있을 것이니, 곧 친광의 뜻은 그 뜻³⁰⁰이 뒤에 일단과 같다.

疏

文中分二리니 先은 別顯四智十身이요 後에 無數下는 總結因果라 今初에 先就覺他하야 翻明自覺하야 成就法身이라 於中에 先明覺 他니 卽妙觀察智와 及成所作智之所利樂이라 若得見下는 彰其 所益이니 無依義智는 卽大圓鏡이니 是無中邊한 佛平等地니 以無 礙智身이 無所依故니라 則證眞如하야 爲佛地性하고 轉昔染依하 야 爲智所依하나니 卽是如如와 及如如智니라 旣令他證인댄 顯自

---

299 사단四段이란, 무중변중無中邊中에 사의四義이다.
300 義 자는 北藏經엔 없다. 그러나 있어야 한다.

己證也니라 次에 智慧下二句는 卽妙觀察智요 莊嚴無奪은 顯圓
鏡智의 所現之影이라 智山淸淨은 卽平等性智니 平等高出일새
所以名山이요 四惑已亡일새 故云淸淨이라하니라 因惑爲種인댄
生必待時어니와 今能生自在일새 故種受芽稱이라 或現已下는 卽
平等性의 所現之影이요 兼顯十身이니 不唯此二일새 故復言或이
라하니라 令諸衆生으로 至無患地者는 卽成佛地니 以遠離微細念
故로 名爲無患이라

경문 가운데 두 가지로 나누리니
먼저는 사지四智와 십신十身을 따로 나타낸 것이요
뒤에 수없는 공덕이라고 한 아래는 인과를 모두 맺는 것이다.
지금은 처음으로 먼저는 각타覺他에 나아가 도리어 자각自覺을 밝혀
법신을 성취하는 것이다.
그 가운데 먼저는 각타를 밝힌 것이니,
곧 묘관찰지와 그리고 성소작지로 이익하고 즐겁게 하는 바이다.
만약 친견함을 얻는 사람이 있다면 다 하여금이라고 한 아래는
그들이 이익하는 바를 밝힌 것이니
의지함이 없는 의지義智라고 한 것은 곧 대원경지이니, 이것은 중간
도 끝도 없는 부처님의 평등한 지위이니 걸림이 없는 지혜의 몸이
의지할 바가 없는 까닭이다.
곧 진여를 증득하여 불지佛地의 자성을 삼고, 옛날에 염오의 의지를
전하여 지혜의 의지할 바를 삼나니[301] 곧 이것은 여여와 그리고
여여의 지혜이다.

이미 다른 사람으로 하여금 증득케 하였다면 스스로 이미 증득한
것을 나타낸 것이다.

다음에 지혜의 좋은 기술이라고 한 아래에 두 구절은 곧 묘관찰지요
장엄이 빼앗을 수 없다고 한 것은 대원경지의 시현한 바 그림자를
나타낸 것이다.

지혜의 산이 청정하다고 한 것은 곧 평등성지이니, 평등하게 높이
뛰어났기에 그런 까닭으로 산이라 이름하는 것이요

네 가지 번뇌[302]가 이미 없어졌기에 그런 까닭으로 말하기를 청정하다
하는 것이다.

번뇌를 원인하여 종자가 되었다면 생기함에 반드시 때를 기다려야
하거니와 지금에는 능히 생기하는 것이 자재하기에 그런 까닭으로
종자가 싹이라는 이름을 받는 것이다.

혹 보살을 나타낸다고 한 이하는 곧 평등한 자성의 시현한 바 그림자
이고 겸하여 열 가지 몸을 나타낸 것이니,

오직 이 두 가지[303]뿐만이 아니기에 그런 까닭으로 다시 말하기를
혹或이라 하였다.

모든 중생으로 하여금 근심이 없는 지위에 이르게 한다고 한 것은
곧 부처님의 지위를 이루는 것이니,

작은 생각조차 멀리 떠난 까닭으로 이름을 근심이 없는 지위라

---

301 지혜의 의지할 바를 삼는다고 한 것은 진여가 염오를 떠난 것이 저 지혜로
　　더불어 의지하는 바가 되는 것이라고 『잡화기』는 말한다.

302 원문에 사혹四惑은 아치我癡와 아견我見과 아만我慢과 아애我愛이다.

303 원문에 차이此二란, 보살菩薩과 불신佛身이다.

하는 것이다.

以無礙智身者는 卽引出現品하야 成大圓鏡智가 是無依義智니라 故
彼文云호대 一切佛法依慈悲하고 慈悲又依方便立하고 方便依智智
依慧어니와 無礙慧身無所依라하니라 然無礙慧는 卽根本智니 二智
收四에 根本智가 收大圓鏡故니라 餘轉依等義는 如十地說하고 四智
之義는 已如前說하니라 因惑爲種下는 釋法芽淸淨이라 淸淨字를 兩
遍用之일새 故云悉已라하니 謂七識在因하야 四惑相應하야 但能領
攬內緣하고 內熏而成種子라하얏거니와 今無四惑하야 卽此七識이 能
生自在하고 更不內熏일새 故云爾也니라

걸림이 없는 지혜의 몸이라고 한 것은 곧 여래출현품을 인용하여
대원경지가 이 의지함이 없는 의지義智임을 성립한 것이다.
그런 까닭으로 저 출현품 게송문에 말하기를
일체 불법이 자비를 의지하고
자비는 또 방편을 의지하여 성립하고
방편은 지智를 의지하고 지는 혜慧를 의지하거니와,
걸림이 없는 지혜의 몸은 의지하는 바가 없다 하였다.
그러나 걸림이 없는 지혜는 곧 근본지니 두 가지 지혜가 사지四智를
거둠[304]에 근본지가 대원경지를 거두는 까닭이다.

---

304 원문에 이지수사二智收四란, 위의 일자권日字卷 하권, 16장, 上四行, 鈔에

나머지 전의轉依[305]하는 등[306]의 뜻은 십지품에 설한 것과 같고 사지
의 뜻은 이미 앞에서 설한 것과 같다.

번뇌를 원인하여 종자가 되었다고 한 아래는 진리의 싹[307]이 청정함
을 해석한 것이다.

청정하다는 글자를 두 곳에 두루 사용하였기에 그런 까닭으로 말하
기를 다 이미(悉己)라 하였으니,

말하자면 칠식이 원인이 있어서 네 가지 번뇌가 상응하여 다만
능히 내연內緣을 알아보고 안으로 훈습하여 종자를 이룬다 하였거니
와, 지금에는 네 가지 번뇌가 없어서 곧 이 칠식이 능히 생기함을
자재로 하고 다시 안으로 훈습하지 않기에 그런 까닭으로 말하기를
그러하다는 것이다.

四智라 하였으니 각각 다 二智에 통하지만, 지금에는 근본지가 대원경지를
거둔다고 한 것은 多分을 좇아 이와 같이 말한 것이니, 곧 후득지는 뒤에
三智를 거두는 것이다.

305 전의轉依란, 依他起를 所依로 하여 變計를 轉捨하여 圓成實性을 轉得하는
   것이다. 轉第八識하여 大圓鏡智를 얻고, 轉第七識하여 平等性智를 얻고,
   轉第六識하여 妙觀察智를 얻고, 轉第五識하여 成所作智를 얻는다.

306 등이란, 전사轉捨, 전득轉得을 등취等取함이다. 운허, 『佛敎辭典』, p.772를
   참고할 것이다.

307 원문에 법아法芽를 법신法身이라 한 것은 잘못이다.

疏

後總結中에 初總明이니 謂十力四智等으로 莊嚴法身이요 業行所
成은 卽是報佛이요 現於世間은 結他受用과 及變化身이니 總上諸
義에 則有十身이라

뒤에 인과를 모두 맺는 가운데 처음에는 모두 밝힌 것이니,
말하자면 십력과 사지 등으로 법신을 장엄하는 것이요
업행의 이룸 바라고 한 것은 곧 보신불이요
세간에 출현했다고 한 것은 타수용신과 그리고 변화신變化身을 맺는
것이니,
위에 모든 뜻을 총합함에 곧 열 가지 몸을 갖추고 있는 것이다.

鈔

總上諸義者는 一에 就覺他하야 翻明自覺은 是菩提身이요 二에 成就
法身과 及顯如如는 卽法身이요 三에 四智는 卽智身이요 四에 莊嚴妙
好는 卽相好莊嚴身이요 五에 無能映奪은 卽威勢身이요 六에 無數功
德은 卽福德身이요 七에 或現菩薩等은 卽意生身이요 八에 令生離惑
은 卽是願身과 及九變化身이요 十에 業行所成으로 現於世間은 卽力
持身이니 故云具十이라하니라

위에 모든 뜻을 총합한다고 한 것은 첫 번째 각타에 나아가 도리어
자각을 밝힌 것은 이것은 보리신이요

두 번째 법신을 성취하는 것과 그리고 여여如如를 나타낸 것은 곧 법신이요

세 번째 사지四智는 곧 지신智身이요

네 번째 장엄이 묘호하다고 한 것은 곧 상호장엄신이요

다섯 번째 능히 비추어 빼앗을 수 없다고 한 것은 곧 위세신이요

여섯 번째 수없는 공덕이라고 한 것은 곧 복덕신이요

일곱 번째 혹 보살을 나타낸다고 한 등은 곧 의생신이요

여덟 번째 중생으로 하여금 번뇌를 떠나게 한다[308]고 한 것은 곧 원신과 그리고 아홉 번째 변화신이요

열 번째 업행業行의 이룬 바로 세간에 출현한다고 한 것은 곧 역지신力持身이니,

그런 까닭으로 말하기를 열 가지가 몸을 갖추고 있다 하였다.

疏

一切已下는 總結異因이 同歸一智니 謂智導萬行일새 故能證此佛平等地니 若報若化가 無不淸淨이라

일체 모든 부처님이라고 한 이하는 다른 원인이 다 같이 한 지혜에 돌아감을 모두 맺는 것이니,

말하자면 지혜가 만행을 인도하기에 그런 까닭으로 능히 이 부처님

---

308 원문에 영생리혹令生離惑은 經文에 令諸衆生으로 至無患地也니 즉 경문에 모든 중생으로 하여금 근심이 없는 지위에 이르게 한다 한 것이다.

의 평등한 지위를 증득하는 것이니

이에 보신과 이에 화신이 청정하지 아니함이 없는 것이다.

經

常守本願하야 不捨世間하고 作諸衆生의 堅固善友하며 淸淨第
一의 離垢光明을 令一切衆生으로 皆得現見케하며 六趣衆生이
無量無邊이나 佛以神力으로 常隨不捨하며 若有往昔에 同種善
根인댄 皆令淸淨케하며 而於六趣一切衆生에 不捨本願하고 無
所欺誑하며 悉以善法과 方便攝取하야 令其修習淸淨之業하야
摧破一切諸魔鬪諍케하며

항상 본래의 서원을 지켜 세간을 버리지 않고 모든 중생의 견고한
선우를 지으며
청정하기 제일가는 때 없는 광명을 일체중생으로 하여금 다 나타내
어 봄을 얻게 하며
육취의 중생이 한량도 없고 끝도 없지만 부처님이 위신력으로써
항상 수순하여 버리지 아니하며
만약 지나간 옛날에 선근을 함께 심은 것이 있다면 다 하여금
청정케 하며
저 육취의 일체중생에게 본래의 서원을 버리지 않고 속이는 바도
없으며
다 선법과 방편으로써 섭취하여 그로 하여금 청정한 업을 닦아
익혀 일체 모든 마군의 투쟁을 꺾어 깨뜨리게 하며

疏

第十九에 常守本願下는 明極於法界니 卽觀察如來의 窮生死際
하야 常現利益安樂一切有情功德이라 以上에 言無中邊相이라하
니 云何無相고할새 故次云호대 極於法界라하니라 謂此法界가 最
淸淨故로 離諸戲論이 是法界相이니 能起等流의 利益之事가 極
此法界하야 無有盡期니라 親光이 亦名此德하야 爲證得果相하는
殊勝功德이니 謂此窮於淸淨法界니 如是法界는 修道得故라하니
라 以斯로 則極法界言이 有於二義하니 一은 同法界常故요 二는
同法界淸淨故니라

제 열아홉 번째 항상 본래의 서원을 지킨다고 한 아래는 법계에
다함을 밝힌 것이니,
곧 여래의 생사 경계를 다하여 항상 나타나 일체유정을 이익하고
안락케 하는 공덕을 관찰하는 것이다.
위에서 중간의 모습도 끝의 모습도 없다고 하였으니 어찌하여 모습
이 없다고 하는가 하기에 그런 까닭으로 다음에 말하기를 법계에
다한다 하였다.
말하자면 이 법계가 가장 청정한 까닭으로 모든 희론을 떠난 것이
이 법계의 모습이니,
능히 같은 종류[309]의 이익하는 사실을 일으키는 것이 이 법계에

---

309 원문에 등류等流는 이익利益하는 일이 다할 기약이 없는 까닭으로 법계法界와
같은 종류라는 것이다.

다하여 그 다함을 기약할 수 없는 것이다.

친광이 또한 이 공덕을 이름하여 결과의 모습을 증득하는 수승한
공덕이 되는 것이니,

말하자면 이것이 청정한 법계에 다하는 것이니 이와 같은 법계는
도를 닦아 얻는 까닭이다 하였다.

이것으로써 곧 법계에 다한다는 말이 두 가지 뜻이 있나니

첫 번째는 법계가 영원한 것과 같은 까닭이요

두 번째는 법계가 청정한 것과 같은 까닭이다.

鈔

以斯則下는 疏會二論하야 以就經文이니 常은 卽前無性意요 淸淨은
卽親光意라

이것으로써 곧이라고 한 아래는 소가가 두 논을 회통하여 경문에
나아간 것이니,

법계가 영원하다고 한 것은 곧 앞[310]에 무성의 뜻이요

법계가 청정하다고 한 것은 곧 친광의 뜻이다.

疏

文中先은 明常利樂이요 二는 廣利樂이라 今初에 常守本願者는

---

310 앞이란, 4행에 親光이라 한 그 앞이라는 뜻이다. 즉 네 줄 앞에 있다.

謂本發心에 法界生界가 若有盡者인댄 我願乃盡이어니와 今에 生
界未窮일새 故常現利樂이라 作善友者는 世之善友가 略有七事하
니 一은 遭苦不捨요 二는 貧賤不輕이요 三은 密事相告요 四는
遞相覆藏이요 五는 難作能作이요 六은 難與能與요 七은 難忍能忍
이라 如來亦爾하야 爲物隨於六趣하야 苦而不捨하며 貧無法財라
도 而不見輕하며 本性客塵을 無不相告하며 善根未熟에 則以權覆
實하고 堪眞實化에 則以實覆虛하며 著弊垢衣하고 執除糞器하야
爲難作能作하며 解髻明珠하야 爲難與能與하며 生違佛化가 乃至
多劫이라도 心無退動하야 爲難忍能忍이니라 無不究竟을 方名堅
固니라

경문 가운데 먼저는 항상 이익하고 즐거워함을 밝힌 것이요
두 번째는 널리 이익하고 즐거워하는 것이다.
지금은 처음으로 항상 본래의 서원을 지킨다고 한 것은 말하자면
본래 발심함에 법계와 중생계가 만약 다함이 있다고 한다면 나의
서원도 이에 다함이 있을 것이어니와, 지금에 중생의 세계가 다함이
없기에 그런 까닭으로 항상 이익하고 즐거워함을 나타내는 것이다.

선우를 짓는다고 한 것은 세간에 선우가 간략하게 칠사七事가 있나니
첫 번째는 괴로운 사람을 만날지라도 버리지 않는 것이요
두 번째는 빈천한 사람을 만날지라도 가볍게 여기지 않는 것이요
세 번째는 비밀한 일을 서로 고백하는 것이요
네 번째는 번갈아 서로 덮어주고 감추어 주는 것이요

다섯 번째는 하기 어려운 것을 능히 하는 것이요

여섯 번째는 주기 어려운 것을 능히 주는 것이요

일곱 번째는 참기 어려운 것을 능히 참는 것이다.

여래도 또한 그러하여 중생을 위하여 육취에 따라 괴로운 사람을 만날지라도 버리지 아니하며

빈천하여 법도 재물도 없는 사람을 만날지라도 가볍게 보지 아니하며

본성의 객진번뇌를 서로 고백하지 아니함이 없으며

선근이 미숙함에 곧 방편으로써 진실을 덮고 진실한 교화를 감당함에 곧 진실로써 허망함을 덮으며

폐구의弊垢依를 입고 제분기除糞器를 가져 하기 어려운 것을 능히 하며

계명주髻明珠를 풀어 주기 어려운 것을 능히 주며

중생이 부처님의 교화를 어기는 것이 이에 수많은 세월에 이를지라도 마음에 물러나거나 동요함이 없어서 참기 어려운 것을 능히 참는 것이다.

구경究竟까지 하지 아니함이 없는 것을 바야흐로 견고하다고 이름[311] 하는 것이다.

如來亦爾下는 善友七事가 略無次第나 義無不具하니 前三은 通諸敎

---

311 名을 明이라 한 것은 잘못이다.

니라 四에 善根已下는 卽法華意니 則於一佛乘에 分別說三은 爲權覆
實이요 會三歸一하야 示眞實相은 卽以實覆虛니 上卽法說周意니라
五에 著弊垢衣는 卽信解品意니 謂不說十蓮華藏之相일새 故云脫
珍御服이요 而說三十二相等은 爲著弊垢衣요 久證菩提나 示以三
十四心으로 斷結等은 爲執除糞器니라 六은 卽安樂行品에 輪王이
解髻明珠喩니 一乘圓旨는 喩若明珠요 昔爲權覆는 如在髻中이요
開權顯實은 爲解髻與珠니라 七은 意亦通이라

여래도 또한 그러하다고 한 아래는 선우의 칠사가 생략되어 차례가
없지만[312] 그 뜻은 갖추지 아니함이 없나니,

앞에 세 가지는 모든 교에 통하는 것이다.

네 번째 선근이 미숙하다고 한 이하는 곧 『법화경』의 뜻이니,
곧 일불승에 삼승을 분별하여 설한 것은 방편으로써 진실을 덮는
것이 되는 것이요

삼승을 모아 일승에 돌아가 진실한 모습을 보인 것은 곧 진실로써
허망함을 덮는 것이 되나니,

이상은 법설주法說周[313]의 뜻이다.

다섯 번째 폐구의를 입었다고 한 것은 곧 신해품의 뜻이니,
말하자면 열 가지 연화장의 모습을 설하지 아니하기에 그런 까닭으
로 말하기를 보배를 맨 어복御服을 벗는다 말하는 것이요

---

312 원문에 약무차제略無次第는 一, 二 등의 차례가 없다는 것이다.
313 법설주法說周는 법화삼주法華三周의 하나이니 1. 법설주法說周, 2. 비유설주譬
喩說周, 3. 인연설주因緣說周이다. 『불교사전』을 참고하라.

삼십이상 등을 설하는 것은 폐구의를 입는다 하는 것이요
오래전에 보리를 증득하였지만 삼십사심으로 번뇌를 끊는[314] 등을
보인 것은 제분기를 잡았다 하는 것이다.
여섯 번째는 곧 안락행품에 전륜왕이 계명주를 푼 비유이니,
일승원교의 뜻은 밝은 구슬과 같음에 비유한 것이요
옛날에 방편으로 진실을 덮은 것은 상투 가운데 매어 둔 것과 같은
것이요
방편을 열어 진실을 나타낸 것은 상투를 풀어 구슬을 준 것과 같다.
일곱 번째는 뜻이 또한 모든 교에 통하는[315] 것이다.

疏

次에 淸淨已下는 明同法界淸淨이니 雖復常化나 離能所相일새
故名第一이라 次에 六趣下는 廣多不捨요 次에 若有已下는 不捨
昔緣이요 次에 而於下는 通顯不捨니 若暫不隨하면 則捨本願거니
와 如願能作일새 名不欺誑이라 次에 悉以下는 彰攝巧益이니 令同
法界淸淨하야 摧魔惑故니라

---

314 원문에 삼십사심단결三十四心斷結은 즉 삼십사심단결성도三十四心斷結成道니
곧 삼십사심으로 번뇌를 끊고 도를 이룬다는 것이다. 운허, 『불교사전』,
p.411을 참고하라.
315 원문에 칠의역통七意亦通은 第七은 그 뜻이 모든 교에 통하나니, 굳이 『법화경
法華經』의 뜻이 필요치 않다는 것이다.

다음에 청정이라고 한 이하는 법계가 청정함과 같음을 밝힌 것이니, 비록 다시 항상 교화하지만 능히 교화하고 교화하는 바 모습을 떠났기에 그런 까닭으로 제일이라 이름하는 것이다.

다음에 육취라고 한 아래는 광겁에 많은 중생을 버리지 않는 것이요
다음에 만약 지나간 옛날에 선근을 함께 심은 것이 있다면이라고 한 아래는 옛날에 인연을 버리지 않는 것이요
다음에 저 육취의 일체중생이라고 한 아래는 본래의 서원을 버리지 않는 것을 통틀어 나타낸 것이니,
만약 잠깐이라도 중생을 따르지 않는다면 곧 본래의 서원을 버리는 것이어니와 서원과 같이 능히 하기에 속이지 않는다고 이름하는 것이다.
다음에 다 선법과 방편이라고 한 아래는 섭취하는 방편(巧)의 이익을 밝힌 것이니,
하여금 법계가 청정하여 마군의 번뇌를 꺾게 하는 것과 같은 까닭이다.

經

從無礙際로 出廣大力하며 最勝日藏이 無有障礙하며 於淨心界에 而現影像하며 一切世間이 無不觀見하며 以種種法으로 廣施衆生하며 佛是無邊光明之藏이며 諸力智慧가 皆悉圓滿하며 恒以大光으로 普照衆生하며 隨其所願하야 皆令滿足하야 離諸怨敵케하며 爲上福田하야 一切衆生이 共所依怙하며 凡有所施에 悉令淸淨케하며 修少善行하야도 受無量福케하며 悉令得入無盡智地케하며 爲一切衆生의 種植善根하는 淨心之主하며 爲一切衆生의 發生福德하는 最上良田하며 智慧甚深과 方便善巧로 能救一切三惡道苦하나니

걸림이 없는 경계를 좇아 광대한 힘을 출생하며
가장 수승한 태양의 창고가 장애가 없으며
청정한 마음의 세계에 영상을 나타내며
일체 세간이 보지 아니함이 없으며
가지가지 법으로 널리 중생에게 보시하며
부처님은 이 끝없는 광명의 창고이며
모든 힘과 지혜가 다 원만하며
항상 큰 광명으로써 널리 중생을 비추며
그들이 원하는 바를 따라서 다 하여금 만족하여 모든 원수와 적을 떠나게 하며
최상의 복밭이 되어 일체중생이 함께 의지하여 믿는 바며

무릇 베푸는 바가 있음에 다 하여금 청정케 하며
적은 선행을 닦아도 한량없는 복을 받게 하며
다 하여금 끝없는 지혜의 땅에 들어감을 얻게 하며
일체중생의 선근을 심는 청정한 마음의 주인이 되며
일체중생의 복덕을 발생하는 최상의 좋은 밭이 되며
지혜의 깊고도 깊은 것과 방편의 좋은 기술로 능히 일체 삼악도의
고통을 구제하나니

疏

第二十에 從無礙際下는 顯於二句니 謂盡虛空性과 窮未來際니
라 卽觀察如來의 無盡等功德이니 謂上利樂이 皆無盡故니라 深密
佛地엔 具斯二句하니 開則別中에 自有二十一句하니라 下離世間
엔 但云等虛空界라하고 而無窮未來際하니 欲顯圓數故니라 親光
亦云호대 次後二句는 顯示世尊의 無盡功德이니 初句自利요 後句
利他라 故云호대 謂如虛空이 經成壞劫이라도 性常無盡하야 如來
一切眞實功德도 亦復如是하며 如未來際가 無有盡期하야 利他
功德도 亦復如是라하니라 而無著釋은 但云無盡功德等이라하고
不言開合거니와 世親無性은 開此等字하야 爲究竟功德일새 故皆
云等言은 等取究竟功德이라하니 則以無盡功德으로 釋初句하고
究竟功德으로 釋後句니라 而無性意는 後句가 是究竟無盡이니 與
前無盡異者는 前則橫論無盡일새 故云盡一切界토록 遍作有情
諸饒益事라하고 後句는 則豎顯無盡일새 故云顯佛功德이 永無窮

盡하며 所化有情이 永無盡故라하니라 同顯無盡할새 故二句合하
고 自他等異일새 二句則開어니와 今文意合하니 欲顯二利가 不相
離故니라 窮未來際는 通在極於法界와 及盡虛空故니라

제 스무 번째 걸림이 없는 경계로 좇아라고 한 아래는 두 구절을
나타낸 것이니,
말하자면 허공의 자성을 다하는 것과 미래의 경계[316]를 다하는 것
이다.
곧 여래의 다함이 없는 등의 공덕을 관찰하는 것이니,
말하자면 최상의 이롭고 즐거운 것이 다함이 없는 까닭이다.
『해심밀경』과 『불지론』에는 이 두 구절을 구족하였으니,
열면 곧[317] 별별別 가운데 스스로 스물한 구절이 있게 되는 것이다.
아래 이세간품에는 다만 말하기를 허공의 세계와 같다고만 하고
미래의 경계를 다한다고 하는 말이 없나니,
원수圓數를 나타내고자 한 까닭이다.[318]
친광이 또한 말하기를 다음 뒤에 두 구절은 세존의 다함이 없는
공덕을 현시한 것이니

---

316 원문에 제제際는 변제邊際라는 뜻도 있다.
317 원문에 개즉開則 운운은 이 두 구절을 열면 二十一句이고, 합하면 二十句라는
   것이다.
318 원문에 욕현원수고欲顯圓數故라고 한 것은 二十一句는 원수圓數가 아니고
   二十句면 圓數이기에 궁미래제窮未來際라는 말이 없다는 것이다. 따라서
   以上의 二十段에 二十句로 본다는 것이다.

처음 구절은 자리自利요

뒤에 구절은 이타利他이다.

그런 까닭으로 말하기를 말하자면 허공이 성겁과 괴겁을 지날지라도 그 자성은 항상 다함이 없는 것과 같아서 여래의 일체 진실한 공덕도 또한 다시 이와 같으며

미래의 경계가 다할 기약이 없는 것과 같아서 이타의 공덕도 또한 다시 이와 같다 하였다.

무착의 해석은 다만 다함이 없는 공덕 등이라고만 하고 열고 합함은 말하지 아니하였거니와, 세친과 무성은 이 등等이라는 글자를 열어 구경의 공덕을 삼았기에 그런 까닭으로 두 사람이 다[319] 말하기를 등等이라고 말한 것은 구경의 공덕을 등취한 것이다 하였으니, 곧 다함이 없는 공덕으로써 처음 구절[320]을 해석하고 구경의 공덕으로 써 뒤에 구절[321]을 해석한 것이다.

그러나 무성의 뜻은 뒤에 구절이 구경에 다함이 없는 것이니, 앞에 다함이 없다는 것으로 더불어 다른 것은 앞은 곧 횡橫으로 다함이 없음을 논하였기에 그런 까닭으로 말하기를 일체 세계가 다하도록 유정을 요익케 하는 모든 일을 두루 짓는다 하고

뒤에 구절은 곧 수竪로 다함이 없음을 현시하였기에 그런 까닭으로 부처님의 공덕이 영원히 다함이 없으며 교화할 바 유정이 영원히 다함이 없음을 현시하는 까닭이다 하였다.

---

319 원문에 개皆란, 세친世親과 무성無性 두 사람을 말한다.

320 원문에 초구初句는 진허공성盡虛空性이다.

321 원문에 후구後句는 궁미래제窮未來際이다.

다 같이 다함이 없음을 현시하였기에 그런 까닭으로 두 구절을 합하였고, 자기와 다른 사람 등이 다르기에 두 구절을 곧 열었거니와, 지금 경문에 뜻은 합하였으니 두 가지 이익이 서로 떠나지 아니함을 나타내고자 한 까닭이다.

미래의 경계가 다한다고 한 것은 법계에 다한다는 것과 그리고 허공의 자성을 다한다는[322] 것에 통하여 있는 것이다.

鈔

六에 今文下는 顯今經意니 雖合이나 而具無性의 二利義故니라

여섯 번째[323] 지금 경문이라고 한 아래는 지금 경문의 뜻을 나타낸 것이니,
비록 합하였으나 그러나 무성의 두 가지 뜻으로 이익케 함을 갖춘 까닭이다.

---

322 법계에 다한다는 것은 제십구단이고, 허공의 자성을 다한다는 것은 여기 제이십단이다.
323 여섯 번째라고 한 것은 소문에 『심밀경』과 『불지론』이라고 한 아래는 소가가 열고 합함을 분별한 것이다. 그 가운데 여섯 가지가 있나니 첫 번째는 경론을 잡아 열고 합한 것이요, 두 번째는 친광이 연 것이요, 세 번째는 무착이 뜻으로 합한 것이요, 네 번째 세친이라고 한 아래는 이론二論이 다 연 것이요, 다섯 번째 동현同顯이라고 한 아래는 소가가 열고 합함을 끊은 것이요, 여섯 번째는 여기와 같다.

疏

故前段中에 已顯常隨不捨니라

그런 까닭으로[324] 전단 가운데 이미 항상 수순하여 버리지 아니함[325]을
나타낸 것이다.

鈔

前段中者는 謂無性은 卽向盡虛空下二句가 明二利無盡거니와 今엔
顯極於法界中에 已有利樂無盡이라

전단 가운데라고 한 것은 말하자면 무성無性은 곧 향전向前에 허공
의 자성을 다한다고 한 아래에 두 구절이 두 가지 이익이 다함이
없음을 밝혔거니와, 지금에는 법계에 다한다[326]고 한 가운데 이미
이익하고 즐겁게 하는 것이 다함이 없다는 것이 있었음을 나타낸
것이다.

---

324 그런 까닭이라 한 고故 자(어떤 본엔 故 자가 없기도 하다)는 그 뜻이 앞에
　　말을 밟아 밝히는 까닭이다.
325 원문에 상수불사常隨不捨는 미래제未來際가 다하도록 항상 수순하여 버리지
　　않는 것이니, 이타利他의 뜻이다.
326 원문에 극어법계極於法界는 第十九段이다.

疏

爲順二論하야 文分爲兩하리니 初는 唯橫論無盡이니 正明盡虛空
性이요 二에 爲上福田下는 雙約橫豎하야 以顯無盡하고 兼明窮未
來際니라 今初에 先二句는 總이라 言無碍際者는 卽法身智身이
如彼虛空이 無有障碍하며 無邊無際하며 無盡無減하며 無生無滅
하며 無有變易일새 名無碍際요 而能現前하야 作諸利樂이 如彼虛
空이 容受質碍일새 故云出廣大力이라하니라 次에 最勝日下는 別
顯依空無碍之用이니 略擧一日이나 而有四德하니 一은 蘊藏千光
이요 二는 百川現影이요 三은 有目皆覩요 四는 生成萬差가 名種種
施라 上一段文은 言含法喩니라 佛是已下는 唯就法說이니 初光明
藏은 卽上日藏이니 身智光明을 含攝出生故니라 諸力已下는 如日
無缺이요 恒以大下는 如日舒光이요 離諸魔敵하고 降老死怨은 如
日大明이 衆景奪耀하나니 不獨合上일새 故文有影略하니라

두 가지 논을 따르기 위하여 경문을 나누어 두 가지로 하리니
처음에는 오직 횡으로 다함이 없음을 논한 것이니 바로 허공의
자성이 다한다고 한 것을 밝힌 것이요
두 번째 최상의 복밭이 된다고 한 아래는 횡과 수를 함께 잡아서
다함이 없다는 것을 나타내고 겸하여 미래의 경계를 다한다고 한
것을 밝힌 것이다.
지금은 처음으로 먼저 두 구절은 총구이다.
걸림이 없는 경계라고 말한 것은 곧 법신과 지신이 마치 저 허공이

장애가 없으며 끝도 없고 경계도 없으며 다함도 없고 감소함도 없으며 생겨남도 없고 사라짐도 없으며 변함도 바뀜도 없는 것과 같기에 그런 까닭으로 이름을 걸림이 없는 경계라 하는 것이요 그러나 능히 앞에 나타나 모든 이로움과 즐거움을 짓는 것이 마치 저 허공이 물질(質礙)을 용납하여 받아들이는 것과 같기에 그런 까닭으로 말하기를 광대한 힘을 출생한다 하였다.

다음에 가장 수승한 태양이라고 한 아래는 허공을 의지하여 걸림이 없는 작용을 따로 나타낸 것이니,
한 개의 태양을 간략하게 거론하였지만 그러나 네 가지 공덕을 갖추고 있나니
첫 번째는 천 개의 광명을 쌓아 감추고 있는 것이요
두 번째는 백천百川에 그림자를 나타내는 것이요
세 번째는 눈이 있음에 다 보는 것이요
네 번째는 생성하는 만 가지 차별이 이름이 가지가지 보시인 것이다.
이상의 일단 경문은 말이 법과 비유를 포함하고 있다 하겠다.

부처님이 이 끝없는 창고라고 한 이하는 오직 법에만 나아가 설한 것이니
처음에 광명의 창고라고 한 것은 곧 위에 태양의 창고이니 신身·지智의 광명을 함섭하고 출생하는 까닭이다.
모든 힘과 지혜라고 한 이하는 태양이 이지러짐이 없는 것과 같은 것이요

항상 큰 광명이라고 한 아래는 태양이 광명을 펴는 것과 같은 것이요
모든 마군의 적을 떠나고[327] 늙고 죽음의 원수를 항복받는다[328]고
한 것은 마치 태양의 큰 광명이 수많은 별빛을 빼앗아 비추는 것과
같나니
오직 위[329]에만 합하는 것이 아니기에[330] 그런 까닭으로 경문이 그윽이
생략된[331] 것이 있다 하겠다.

鈔

降老死怨者는 淨名云호대 譬如勝怨하야사 乃可爲勇인달하야 如是
兼除老病死者라사 菩薩之謂也라하니 今借用之니라

늙고 죽음의 원수를 항복받는다고 한 것은 『정명경』에 말하기를
비유하자면 원수를 이겨야 이에 가히 용맹한 사람이라 하는 것과

---

327 원문에 이제마적離諸魔敵은 경문에 離諸怨敵이라 한 敵 자의 해석이다.
328 원문에 항노사원降老死怨은 경문에 離諸怨敵이라 한 怨 자의 해석이다.
329 上이란, 원문에 여일야광如日舒光이다.
330 위에만 합한 것이 아니라고 한 것은 그 뜻에 말하기를 위에 이미 법과
비유를 함께 거론하였다면 곧 이것은 응당 낱낱이 앞의 말에 합하는 것이
지만, 그러나 지금에는 오직 위(앞)에만 합하는 것이 아니라 하니 또한 나머지
공덕도 거론한 것이다. 그런 까닭으로 말하기를 경문이 그윽이 생략된
것이 있다 하였다. 역시 『잡화기』의 말이다. 위에라고 한 위는 이미 말한
것처럼 태양이 광명을 펴는 것과 같다 한 것이다.
331 원문에 영략影略은 항이대광恒以大光의 네 글자(四字)가 위로는 여일서광如日
舒光에 略이고, 아래로는 여일대명如日大明에 影이다.

같아서, 이와 같이 늙고 병들고 죽음을 겸하여 제멸한 사람이라야
보살이라 말하는 것이다 하였으니,
지금에는 이 말을 빌려서 사용한 것이다.

疏

二에 雙約橫豎하야 顯無盡者는 但云一切라하나 通於十方과 及來
際故니라 文中先은 明爲生福智之田이니 上福田者는 具前德故니
라 凡有所下는 釋上田義니 三義名上이라 一은 令淸淨이 如無荒
穢요 二는 因少果多가 如涅槃에 說純陀施福이요 三은 入無盡智가
如田隨種隨生하며 如穀展轉無盡하야 成金剛種하야 終不銷故니
具斯三義일새 稱曰上田이라하니라 次에 爲一切下는 顯爲田主요
次에 爲一切衆生發生下는 明體卽是田이요 後에 智慧下는 明能
爲田義니 具悲智故니라 初는 權實無二하야 總爲一智니 對下能救
하면 悲智無礙하야 合爲一心이라 則是如來의 最淸淨覺이니라

두 번째 횡과 수를 함께 잡아서 다함이 없다는 것을 나타내었다고
한 것은 다만 일체라고만 말하였지만 시방과 그리고 미래의 경계에
도 통하는 까닭이다.
경문 가운데 먼저는 복덕과 지혜를 출생하는 밭이 됨을 밝힌 것이니
최상의 복밭이라고 한 것은 앞에 공덕[332]을 갖춘 까닭이다.

---

[332] 원문에 전덕前德이란, 二十段의 二十功德이다.

무릇 베푸는 바가 있다고 한 아래는 최상의 복밭이라 한 뜻을 해석한 것이니,

세 가지 뜻으로 최상이라 이름하는 것이다.

첫 번째는 하여금 청정케 하는 것이 마치 황무지를 없애는 것과 같은 것이요

두 번째는 원인이 적어도 결과가 많은 것이 마치『열반경』에 순타가 보시한 복을 말한 것과 같은 것이요

세 번째는 끝없는 지혜에 들어가게 하는 것이 마치 밭이 종자를 따라 생장하게 하는 것과 같으며 곡식이 전전히 끝이 없게 하는 것과 같아서 금강의 종자를 이루어 마침내 사라지지 않게 하는 까닭이니,

이 세 가지 뜻을 갖추었기에 이름을 최상의 복밭이라 말하는 것이다.

다음에 일체중생의 선근을 심는다고 한 아래는 복밭의 주인이 되는 것을 나타낸 것이요

다음에 일체중생의 복덕을 발생한다고 한 아래는 자체가 곧 복밭인 것을 밝힌 것이요

뒤에 지혜라고 한 아래는 능히 복밭이 되는 뜻을 밝힌 것이니 자비와 지혜를 갖춘 까닭이다.

처음[333] 구절은 방편과 진실[334]이 둘이 없어서 모두 한 지혜가 되는 것이니,

---

333 원문에 初란, 지혜심심智慧甚深과 방편선교方便善巧이다.

334 원문에 權이란 방편선교方便善巧이고, 實이란 지혜심심智慧甚深이다.

아래 구절에 능히 구제한다고 한 것을 상대한다면 자비와 지혜가
걸림이 없어서 합하여 한 마음이 되는 것이다.
곧 이것이 여래의 최고 청정한 깨달음이다.

鈔

如涅槃說者는 經云호대 我今所供이 雖復微少라한대 下에 佛令汝로
具足檀波羅蜜이라하니 爲果多也니라 則是如來最淸淨覺者는 以在
最後일새 故復結之니 句句에 亦皆合結也니라

『열반경』에 말한 것과 같다고 한 것은 『열반경』에 말하기를[335] 저가
지금 공양하는 바가 비록 다시 적지만이라 한데 그 아래에 부처님이[336]
그대로 하여금 보시바라밀을 구족하게 할 것이다 하였으니,
결과가 많은 것이 되는 것이다.
곧 이것이 여래의 최고 청정한 깨달음이라고 한 것은 최후에 있기에
그런 까닭으로 다시 맺는 것이니,
구절구절에 또한 다 합하여 맺어야 할 것이다.

---

335 원문에 경운經云이란, 『열반경涅槃經』 第二經에 순타품純陀品이다.
336 그 아래에 부처님 운운은 초가鈔家가 널리 인용하고자 아니한 까닭으로
　　중간을 뛰어넘어 이에 한 하자下字를 둔 것이다고 『잡화기』는 말한다. 고본에
　　즉시則是 운운이 여열반如涅槃 운운보다 먼저 있는 것은 잘못이다. 나는
　　고쳐 번역하였고 북장경도 고쳐져 있다.

疏

上所引功德之名은 全依無著하고 其所解釋은 多依無性하며 有
不同者도 亦已對決하니 與世間品으로 小有同異나 大旨無違니라
至下品中하야 當更顯示하리라 依上所釋인댄 文旨有據하야 德相
可分이 若星宿羅空이나 粲然不雜거니 豈得寬文하야 廣申辭句리
요 於佛勝德에 蔑然略陳하니 幸諸後學은 不咎其繁하야 而不要也
니라 別觀德相二十段은 更이라

위에서 인용한 바 공덕의 이름은 온전히 무착을 의지하였고, 그것을
해석한 바는 다분히 무성을 의지하였으며,
같지 아니함이 있는 것도 또한 이미 상대하여 결정하였으니
이세간품으로 더불어 조금 같고 다름이 있으나 큰 뜻은 위배됨이
없다.
아래 이세간품 가운데 이르러 마땅히 다시 현시하겠다.

위에 해석한 바를 의지한다면 경문의 뜻이 의거하는 바가 있어서
공덕의 모습을 가히 나눈 것이 마치 별들[337]이 허공에 나열하여

---

337 원문에 약열若列이라 한 列 자는 星 자의 잘못이다. 영인본 화엄 7책, p.433,
5행에 佛徧界之身이 不離法性호미 若彼星宿가 粲然羅空호대 不可縛著이라
하니라. 즉 부처님의 법계에 두루한 몸이 법성을 떠나지 않는 것이 마치
저 별들이 찬연히 허공에 나열하여 있지만 가히 얽어 맬 수 없는 것과
같다 하였다

있지만 찬연히 섞이지 않는 것과 같거니, 어찌 넓은 문장을 얻어
언사와 구절을 폭넓게 펴겠는가.

부처님의 수승한 공덕에 소문 없이(蔑然)[338] 간략하게 진술하였으니,
바라건대 모든 후학들은 그 번거로움을 허물하여 요要가 아니라고
하지 말 것이다.

공덕의 모습을 따로 관찰하는 이십단은 마친다.

---

338 원문에 멸연蔑然은 졸연卒然이니 '소문 없이'라는 뜻이다.

經

如是信解하며 如是觀察하며

이와 같이 믿고 알며
이와 같이 관찰하며

疏

第三에 如是下는 結成觀解니 謂前諸德이 不出內德과 及與外相
이라 今初二句는 總明能觀이니 信解는 約於仰推요 觀察은 通於諸
眼이라

제 세 번째 이와 같이라고 한 아래는 관찰하여 아는 것을 맺어
성립한 것이니,
말하자면 앞의 모든 공덕이 안의 공덕과 그리고 밖의 모습을 벗어나
지 않는 것이다.
지금에 처음 두 구절은 모두 능관을 밝힌 것이니
믿고 안다고 한 것은 추앙함을 잡은 것이요
관찰한다고 한 것은 모든 눈에 통하는 것이다.

經

如是入於智慧之淵하며 如是游於功德之海하며 如是普至虛空
智慧하며 如是而知衆生福田하며

이와 같이 지혜의 못에 들어가며
이와 같이 공덕의 바다에 노닐며
이와 같이 널리 허공의 지혜에 이르며
이와 같이 중생의 복밭을 알며

疏

後之八句는 就所觀德하야 以辨能觀이니 前四內德이요 後四外相
이라 前中에 謂佛內德無量이나 不出福智니 前二는 福智之體니라
智慧之淵은 略語其深이요 功德之海는 義兼深廣이니 淵宜趣入이
요 海宜遊涉이라 次二句는 福智之用이니 智廣虛空이요 福無不益
이니 稱此而了가 名普至知니라

뒤에 여덟 구절은 관찰할 바 공덕에 나아가 능히 관찰하는 것을
밝힌 것이니
앞에 네 구절은 안의 공덕이요
뒤에 네 구절은 밖의 모습이다.
앞에 안의 공덕 가운데 말하기를 부처님의 안의 공덕이 한량이
없지만 복덕과 지혜를 벗어나지 않나니

앞의 두 구절은 복덕과 지혜의 자체이다.

지혜의 못이라고 한 것은 그 깊은 것을 간략하게 말한 것이요

공덕의 바다라고 한 것은 뜻이 깊고 넓은 것을 겸하였으니

못은 마땅히 취입趣入하는 것이요

바다는 마땅히 유섭遊涉하는 것이다.

다음에 두 구절은 복덕과 지혜의 작용이니

지혜는 허공처럼 넓은 것이요

복덕은 이익케 하지 아니함이 없는 것이니,

여기에 칭합하여 아는 것이 이름이 널리 허공의 지혜에 이르고[339]

중생의 복밭을 아는 것이다.

---

[339] 원문에 보지지普至知라고 한 것은 경문에 보지허공지普至虛空智를 보지普至라
하고, 지중생복전知衆生福田을 지知라 한다.

經

如是正念으로 現前觀察하며 如是觀佛의 諸業相好하며 如是觀
佛의 普現世間하며 如是觀佛의 神通自在하나라

이와 같이 바른 생각으로 눈앞에서 관찰하며
이와 같이 부처님의 모든 업과 상호를 관찰하며
이와 같이 부처님의 세간에 널리 나타남을 관찰하며
이와 같이 부처님의 신통이 자재함을 관찰합니다.

疏

後四外相이니 於中에 初一句는 重擧能觀하야 揀內外故니라 言正
念者는 明非散心이니 了佛德相이 唯心無性이요 靜而能鑒일새 復
云觀察이라하니라 後三句는 亦就所觀하야 以辨能觀이니 初一句
總이요 後二句別이라 身雲普現은 卽是相好요 神通自在는 卽前業
用이라 前二十一德中에 或一句之內에 言兼福智라하고 一德之內
에 體用雙明하니 若別配屬인댄 義成偏近하리라

뒤에 네 구절은 밖의 모습이니
그 가운데 처음 구절은 거듭 능히 관찰하는 것을 거론하여 안과
밖을 헤아리는 까닭이다.
바른 생각이라고 말한 것은 산란한 마음이 아닌 것을 밝힌 것이니,
부처님의 덕상이 오직 마음이라 자성이 없는 줄 아는 것이요

고요하지만 능히 비추기에 다시 말하기를 관찰한다 하였다.
뒤에 세 구절은 또한 관찰할 바에 나아가 능히 관찰하는 것을 분별한
것이니
처음에 한 구절은 총구요
뒤에 두 구절은 별구이다.
몸의 구름이 널리 나타나는 것은 곧 상호요
신통이 자재한 것은 곧 앞의 업용이다.

앞에 스물한 가지 공덕 가운데 혹은 한 구절 안에 복덕과 지혜를
겸하였다고도 말하고 한 공덕 안에 자체와 작용을 함께 밝히기도
하였으니,
만약 따로 배속한다면 뜻이 치우쳐 가까움만 이룰 것이다.

鈔

若別配屬者는 正彈古德이 以後十結句로 科上二十一德之經이니
彼云호대 然此所現의 佛法界身이 豈有限量이리요만은 今且依下結
文하야 分爲十門하리라 於中二니 先은 顯十門之德이요 後에 如是下
는 正結十門之名이라 前中에 卽爲十段이나 然案後結文인댄 少不次
第니 從初로 至淸淨善根已來는 超明第十에 見佛示現不可思議自
在神力門이라하니 彼約晉經일새 與今小異니라 恐尋不曉하야 會取
今經하노니 今經은 卽至功德善根이 悉已淸淨은 爲第一段에 神通自
在요 第二已去는 全依今經이니 謂第二에 從色相第一下는 却明第一

에 如是信解門이요 第三에 獲一切智하야 放大光下는 第二에 觀察正
覺門이요 第四에 示現色身不思議下는 明第三에 入智慧淵門이요 第
五에 恒以佛日로 普照法界下는 明第四에 入功德海門이요 第六에
以大慈悲로 現不可說無量佛身下는 明第七에 正念現前觀察門이
요 第七에 以智慧月下는 却明第五에 普至虛空智慧門이요 第八에
放光明網하야 普照十方下는 卽第八에 觀察如來의 諸業相好門이요
第九에 爲大法王하야 如日普照下는 却明第六에 如是而知衆生福
田門이요 第十에 淸淨第一의 離垢光明下는 却明第九에 如是觀佛普
現世間門이라하니라 釋曰此卽賢首가 解爲十門하야 以其總名으로
收其別義나 皆不盡理일새 故云偏近이라하니라 況結中에 不出內德
外相하고 內德이 不出福智어니 如何攝得前文이리요 又刊定記엔 科
爲十六三業이나 而段段之中에 三業多闕하며 亦消文不盡일새 故皆
偏近거니와 依今之釋하면 一句無遺矣니라

만약 따로 배속한다면이라고 한 것은 고덕古德[340]이 뒤에 열 가지
맺는 구절로 위에 스물한 가지 공덕을 과판한 경[341]을 바로 탄핵한
것이니,
저 현수가 말하기를[342] 그러나 이 시현한 바 부처님의 법계신法界身이
어찌 한량이 있으리요만은, 지금에 우선 아래 결문結文을 의지하여

---

340 고덕古德은 현수법사賢首法師이다.

341 여기서 경經이란, 『불지경佛地經』이다.

342 원문에 피운彼云은 『탐현기探玄記』 第七卷이니 속장경續藏經 0325에 설출說出
  하였다.

나누어 십문으로 하겠다.

그 가운데 두 가지가 있나니

먼저는 십문의 공덕을 나타낸 것이요

뒤에 이와 같이 바른 생각이라고 한 아래는 십문의 이름을 바로 맺는 것이다.

앞에 십문의 공덕 가운데 곧 십단으로 하였지만 그러나 뒤에 결문을 안찰[343]한다면 조금 차례가 같지 않나니,

처음으로 좇아 청정한 선근이라고 한 이후에 이르기까지는 제 열 번째 부처님이 사의할 수 없는 자재한 신통력을 시현하는 것을 보는 문門을 뛰어넘어 밝힌 것이다 하였으니,

저 현수는 진경晋經을 잡았기에 지금으로 더불어 조금 다르다.

심찰하여도 알지 못할까 염려하여 지금 경문을 회취會取하노니 지금 경은 곧 공덕의 선근이[344] 다 청정하다고 한 것에 이르기까지는 제 일단에 신통이 자재하다고 한 것이 되는 것이요

제 두 번째 이후는 온전히 지금 경을 의지하였으니

말하자면 제 두 번째 색상이 제일[345]이라고 한 것으로 좇아 아래는 도리어 첫 번째 이와 같이 믿고 아는 문을 밝힌 것이요

제 세 번째 일체 지혜를 얻어[346] 큰 광명을 놓는다고 한 아래는 제 두 번째 정각을 관찰[347]하는 문이요

---

343 按 자는 『탐현기探玄記』엔 望 자이다.

344 공덕선근功德善根 운운은 영인본 화엄 7책, p.285, 2행이다.

345 색상제일色相第一은 영인본 화엄 7책, p.285, 3행이다.

346 원문에 획일체지혜獲一切智慧 운운은 영인본 화엄 7책, p.297, 7행이다.

제 네 번째 색신이 사의할 수 없음을 시현[348]한다고 한 아래는[349]
제 세 번째 지혜의 못에 들어가는 문을 밝힌 것이요

제 다섯 번째 항상[350] 부처님의 태양으로써 널리 법계를 비춘다고
한 아래는[351] 제 네 번째 공덕의 바다에 들어가는 문을 밝힌 것이요

제 여섯 번째 큰 자비로써[352] 가히 말할 수도 없고 한량도 없는
부처님의 몸을 나타낸다고 한 아래는 제 일곱 번째 바른 생각으로
눈앞에서 관찰하는 문을 밝힌 것이요

제 일곱 번째 지혜의 달이라고[353] 한 아래는[354] 도리어 제 다섯 번째
널리 허공의 지혜에 이르는 문을 밝힌 것이요

제 여덟 번째 광명의 그물을 놓아[355] 시방의 일체 세계에 널리 비춘다
고 한 아래는 곧 제 여덟 번째 부처님[356]의 모든 업과 상호를 관찰하는
문이요

제 아홉 번째 큰 법왕이 되어[357] 태양과 같이 널리 비춘다고 한

---

347 원문에 관찰정각觀察正覺은 今經文에는 여시관찰如是觀察이라 하였다.

348 원문에 시현색신示現色身 운운은 영인본 화엄 7책, p.298, 3행이다.

349 원문 下 자 아래에 第三 두 글자가 있어야 좋다.

350 항상 운운은 영인본 화엄 7책, p.304, 3행이다.

351 원문 下 자 아래에 明 자가 있어야 좋다.

352 원문에 대자비大慈悲 운운은 영인본 화엄 7책, p.306, 4행이다.

353 원문에 이지혜월以智慧月 운운은 영인본 화엄 7책, p.310, 2행이다.

354 원문 下 자 아래에 却 자가 있는 것이 좋다.

355 원문에 방광명망放光明網 운운은 영인본 화엄 7책, p.318, 4행이다.

356 여래如來는 영인본 화엄 7책, p.349, 5행에는 佛 자로 되어 있다.

357 원문에 위대법왕爲大法王 운운은 영인본 화엄 7책, p.325, 7행이다.

아래는 도리어 제 여섯 번째 이와 같이 중생의 복밭을 아는 문을
밝힌 것이요

제 열 번째 청정하기 제일가는 때 없는 광명이라고 한 아래는 도리어
제 아홉 번째 이와 같이 부처님의 세간에 널리 나타남을 관찰하는
문을 밝힌 것이다 하였다.

해석하여 말하면 이것은 현수가 해석을 십문으로 하여 그 총명總名으
로써 그 별의別義를 거두었지만 다 이치를 다하지 못하였기에 그런
까닭으로 치우쳐 가까움만 이룰 것이다 하였다.

하물며 결문結文 가운데 안의 공덕과 밖의 모습을 벗어나지 않고
안의 공덕이 복덕과 지혜를 벗어나지 않거니, 어떻게 앞의 경문을
섭수하여 얻겠는가.

또 『간정기』에는 과목을 십육단에 삼업으로 하였지만 단단段段 가운
데 삼업이 많이 빠졌으며

또한 경문을 소석消釋하는 것도 다하지 못하였기에 그런 까닭으로
다 치우쳐 가까움만 이루거니와, 지금에 해석을 의지한다면 한
구절도 유실함이 없을 것이다.

經

時彼大衆이 見如來身에 一一毛孔에 出百千億那由他阿僧祇
光明하며 一一光明에 有阿僧祇色과 阿僧祇淸淨과 阿僧祇照明
하야 令阿僧祇衆으로 觀察케하며 阿僧祇衆으로 歡喜케하며 阿僧
祇衆으로 快樂케하며 阿僧祇衆으로 信增長케하며 阿僧祇衆으로
志樂淸淨케하며 阿僧祇衆으로 諸根淸凉케하며 阿僧祇衆으로 恭
敬尊重케하니라

그때에 저 대중이 여래의 몸을 봄에 낱낱 털구멍에 백천억 나유타
아승지의 광명이 출생하며
낱낱 광명에 아승지의 색상과 아승지의 청정과 아승지의 조명照明
이 있어서 아승지의 대중으로 하여금 관찰케 하며
아승지의 대중으로 환희케 하며
아승지의 대중으로 쾌락케 하며
아승지의 대중으로 믿음이 증장케 하며
아승지의 대중으로 마음에 즐거움이 청정케 하며
아승지의 대중으로 육근이 청량케 하며
아승지의 대중으로 공경하고 존중케 합니다.

疏

第二에 時彼大衆下는 明見佛光用이라 前雖有用이나 乃觀如來의
常所具德거니와 今現目觀일새 故不同也니라 文中三이니 初는 觀

常光이요 二는 觀放光이요 三은 顯光意라 今初에 雖云毛出이라하나 意取常出이니 有十一句하니라 初總餘別이니 前三光相이요 後七光益이라

제 두 번째 그때 저 대중이라고 한 아래는 부처님의 광명의 작용을 본 것을 밝힌 것이다.
앞에 비록 광명의 작용이 있었지만 이에 여래의 항상 구족한 바 공덕을 관찰하였거니와, 지금에는 현재 눈으로 보기에 그런 까닭으로 같지 않는 것이다.

경문 가운데 세 가지가 있나니
처음에는 상광常光을 보는 것이요
두 번째는 방광放光을 보는 것이요
세 번째는 광명의 뜻을 나타낸 것이다.
지금은 처음으로 비록 털구멍에서 출생했다고 하였지만 그 뜻은 항상 출생함을 취한 것이니
열한 구절이 있다.
처음 구절은 총구요
나머지 구절은 별구이니,
앞에 세 구절은 광명의 모습이요
뒤에 일곱 구절은 광명의 이익이다.

經

爾時大衆이 咸見佛身에 放百千億那由他不思議大光明하며 一
一光明에 皆有不思議色과 不思議光하야 照不思議無邊法界하
야사

그때에 대중이 다 부처님의 몸을 봄에 백천억 나유타 사의할 수
없는 큰 광명을 놓으며
낱낱 광명에 다 사의할 수 없는 색상과 사의할 수 없는 광명이
있어 사의할 수 없고 끝이 없는 법계를 비추어

疏

二에 爾時下는 觀放光中에 先擧體相이라

두 번째 그때라고 한 아래는 방광을 보는 가운데 먼저는 자체의
모습358을 거론한 것이다.

---

358 원문에 체상體相이란, 경문에 대광명大光明은 體이고, 일일광명一一光明 아래
는 相이다.

經

以佛神力으로 出大妙音하야 其音으로 演暢百千億那由他不思
議讚頌하시니 超諸世間의 所有言辭하고 出世善根之所成就하
며 復現百千億那由他不思議微妙莊嚴하시니 於百千億那由他
不思議劫에 歎不可盡하고 皆是如來의 無盡自在之所出生이며
又現不可說諸佛如來出興于世하시니 令諸衆生으로 入智慧門
하야 解甚深義케하며 又現不可說諸佛如來의 所有變化호대 盡
法界虛空界토록 令一切世間으로 平等淸淨케하시니 如是皆從
如來의 所住無障礙一切智生하고 亦從如來의 所修行不思議勝
德生이며 復現百千億那由他不思議妙寶光焰하시니 從昔大願
善根所起하야 以曾供養無量如來하고 修淸淨行하야 無放逸故
며 薩婆若心이 無有障礙하야 生善根故니

부처님[359]의 위신력으로 크고 묘한 음성을 내어 그 음성으로 백천억
나유타 사의할 수 없는 찬송을 연창하시니
모든 세간[360]에 있는 바 말을 초월하고 출세간에 선근으로 성취한
바이며
다시[361] 백천억 나유타 사의할 수 없는 미묘한 장엄을 나타내시니
백천억[362] 나유타 사의할 수 없는 세월에 찬탄할지라도 가히 다할

---

359 先에 現이다.
360 后에 因이다.
361 先에 現이다.

수 없고 다 이 여래의 다함없는 자재한 힘으로 출생한 바이며

또[363] 가히 말할 수 없는 모든 부처님 여래가 세상에 출흥하심을 나타내시니

모든[364] 중생으로 하여금 지혜의 문에 들어가 깊고도 깊은 뜻을 알게 하며

또[365] 가히 말할 수 없는 모든 부처님 여래가 소유한 신통변화를 나타내되 법계와 허공계가 다하도록 일체 세간으로 하여금 평등하게 청정케 하시니

이와 같은[366] 것이 다 여래가 머무신 바 장애가 없는 일체 지혜로 좇아 생기하고 또한 여래가 수행한 바 사의할 수 없는 수승한 공덕으로 좇아 생기한 것이며

다시[367] 백천억 나유타 사의할 수 없는 묘한 보배 광명의 불꽃을 나타내시니

옛날에[368] 큰 서원의 선근으로 좇아 생기하여 일찍이 한량없는 여래에게 공양하고 청정한 행을 닦아 방일함이 없는 까닭이며

살바야의 마음이 장애가 없어서 선근을 생기하는 까닭이니

---

362 后에 因이다.

363 先에 現이다.

364 后에 因이다.

365 先에 現이다.

366 后에 因이다.

367 先에 現이다.

368 后에 因이다.

疏

後에 以佛下는 辨光業用이라 文有五現하니 一은 說法이요 二는
現嚴이니 此二는 皆先現後因이라 三은 現佛이니 則先現後意니
令成教證의 二甚深故니라 四는 現神變이요 五는 現寶焰光이니
皆先現後因이라

뒤에 부처님의 위신력이라고 한 아래는 광명의 업용業用을 분별한
것이다.
경문에 다섯 가지로 나타낸 것이 있나니
첫 번째는[369] 법을 설한 것이요
두 번째는[370] 장엄을 나타낸 것이니,
이 두 가지는 다 먼저는 나타낸[371] 것이요
뒤에는 나타낸 원인이다.
세 번째는[372] 부처님을 나타낸 것이니,
곧 먼저는 나타낸 것이요
뒤에는 나타내는 뜻이니
하여금 교教와 증證의 두 가지가 깊고도 깊은 것을 이루게 하는

---

369 첫 번째는 부처님의 위신력 운운이다.
370 두 번째는 다시 백천억 운운이다.
371 먼저는 나타낸 것이라고 한 등은 찬송을 연창하시니까지는 나타낸 것이고,
　　그 아래는 나타낸 원인이다. 그 아래 나머지 네 가지도 마찬가지이다. 즉
　　각각에 하시니까지는 나타낸 것이고, 그 아래는 나타낸 원인이다.
372 세 번째는 또 가히 말할 수 없는 운운이다.

까닭이다.

네 번째는[373] 신통변화를 나타낸 것이요

다섯 번째는[374] 보배 불꽃 광명을 나타낸 것이니,

다 먼저는 나타낸 것이요

뒤에는 나타낸 원인이다.

---

373 네 번째는 또 가히 말할 수 없는 운운이다.
374 다섯 번째는 다시 백천억 운운이다.

經

爲顯如來力廣遍故며 爲斷一切衆生疑故며 爲令咸得見如來
故며 令無量衆生으로 住善根故며 顯示如來의 神通之力을 無映
奪故며 欲令衆生으로 普得入於究竟海故며 爲令一切諸佛國土
에 菩薩大衆으로 皆來集故며 爲欲開示不可思議佛法門故니라

여래의 힘이 널리 두루함을 나타내기 위한 까닭이며
일체중생의 의심을 끊기 위한 까닭이며
하여금 다 여래를 친견함을 얻기 위한 까닭이며
한량없는 중생으로 하여금 선근에 머물게 하기 위한 까닭이며
여래의 신통력을 비추어 빼앗을 수 없음을 현시하기 위한 까닭이며
중생으로 하여금 널리 구경의 바다에 들어감을 얻게 하고자 하기
위한 까닭이며
일체 모든 부처님의 국토에 보살대중으로 하여금 다 와서 모이게
하기 위한 까닭이며
가히 사의할 수 없는 부처님의 법문을 열어 보이고자 하기 위한
까닭입니다.

疏

第三爲顯下는 現光意니 並顯可知니라

제 세 번째 나타내기 위한 것이라고 한 아래는 광명의 뜻을 나타낸

것이니,
모두 나타낸 것은 가히 알 수가 있을 것이다.

經

爾時如來가 大悲普覆하고 示一切智로 所有莊嚴하사

그때에 여래가 큰 자비로 널리 덮고 일체 지혜로 소유한 장엄을
시현하여

疏

第二에 爾時如來下는 明現勝德之意라 文分二別하리니 先은 牒前
現德이라 悲爲能現하고 智爲所現者는 影略其文이니 應以依二嚴
體하야 現二嚴德이라

제 두 번째 그때에 여래라고 한 아래는 수승한 공덕을 나타내는
뜻을 밝힌 것이다.
경문을 두 가지로 다르게 나누리니
먼저는 앞의 말을 첩석하여 공덕을 나타낸 것이다.
자비로 능현을 삼고 지혜로 소현을 삼은 것은 그윽이 그 경문을
생략한[375] 것이니
응당 두 가지 장엄의 자체를 의지하여 두 가지 장엄의 공덕을 나타내
어야 할 것이다.

---

[375] 원문에 영략影略이란, 大悲中有大智하고 大智中各有大悲也니 즉 대비 가운
데 대지가 있고, 대지 가운데 각각 대지가 있다는 것이 그윽이 생략되었다는
것이다.

經

欲令不可說百千億那由他阿僧祇世界中衆生으로 未信者信케
하며 已信者增長케하며 已增長者는 令其清淨케하며 已清淨者는
令其成熟케하며 已成熟者는 令心調伏케하며 觀甚深法케하며 具
足無量智慧光明케하며 發生無量廣大之心케하며 薩婆若心에
無有退轉케하며 不違法性케하며 不怖實際케하며 證眞實理케하
며 滿足一切波羅蜜行케하며 出世善根이 皆悉清淨케하며 猶如
普賢하야 得佛自在케하며 離魔境界하고 入諸佛境케하며 了知深
法하고 獲難思智케하며 大乘誓願에 永不退轉케하며 常見諸佛하
야 未曾捨離케하며 成就證智하야 證無量法케하며 具足無邊福
德藏力케하며 發歡喜心하야 入無疑地케하며 離惡清淨케하며 依
一切智하야 見法不動케하며 得入一切菩薩衆會케하며 常生三
世의 諸如來家케하니라

가히 말할 수 없는 백천억 나유타 아승지의 세계 가운데 중생으로
하여금 아직 믿지 않는 사람은 믿게 하며
이미 믿는 사람은 증장케 하며
이미 증장한 사람은 그 마음으로 하여금 청정케 하며
이미 청정한 사람은 그 마음으로 하여금 성숙케 하며
이미 성숙한 사람은 그 마음으로 하여금 조복케 하며[376]

---

376 初五句는 십신十信이다.

깊고도 깊은 법을 관찰케 하며³⁷⁷

한량없는 지혜의 광명을 구족케 하며

한량없는 광대한 마음을 발생케 하며

살바야 마음에 물러남이 없게 하며³⁷⁸

법성에 어긋남이 없게 하며

실제實際를 두려워하지 않게 하며

진실한 이치를 증득케 하며

일체 바라밀행을 만족케 하며³⁷⁹

출세간의 선근이 다 청정케 하며

비유하자면 보현보살과 같이 부처님의 자재함을 얻게 하며

마군의 경계를 여의고³⁸⁰ 모든 부처님의 경계에 들어가게 하며

깊은 법을 요달하여 알고 사의하기 어려운 지혜를 얻게 하며

대승의 서원에 영원히 물러나지 않게 하며

항상 모든 부처님을 보아³⁸¹ 일찍이 버리고 떠나지 않게 하며

증지證智를 성취하여 한량없는 법을 증득케 하며

끝없는 복덕 창고의 힘을 구족케 하며

환희심을 일으켜 의심이 없는 지위에 들어가게 하며

---

377 원문에 관심심觀甚深 아래에 七句는 십주十住이다.

378 원문에 발생무량광대지심發生無量廣大之心은 下化의 마음이고, 살바야심무
유퇴전薩婆若心無有退轉은 上求의 마음이다.

379 원문에 만족일체바라밀행滿足一切波羅蜜行 아래에 三句는 십행十行이다.

380 원문에 이마離魔 아래에 三句는 십향十向이다.

381 원문에 상견제불常見諸佛 아래는 십지十地니 此中에 八句가 있다.

악을 떠나 청정케 하며
일체 지혜를 의지하여 법이 동요하지 아니함을 보게 하며
일체 보살의 대중이 모인 곳에 들어감을 얻게 하며
항상 삼세에 모든 여래의 집에 태어나게 하고자 합니다.

疏

二에 欲令下는 正明現意라 分二리니 先은 明下益衆生이요 二에
開示如來下는 明上弘佛道니라 今初分二리니 先은 彰現益이요 後
에 世尊下는 辨現益之因이라 今初에 先擧所益이요 後에 未信下는
辨益不同이라 然此益中에 文含多勢나 且依一判하리라 先約行布
인댄 初五十信이니 始自初信으로 令心調伏은 信位滿故니라 次에
七句는 皆十住益이니 謂初二句는 是住中觀慧요 次에 二句는 下
化上求之心이요 後에 三句는 住中證入이니 知心自性일새 故曰不
違라하며 不退二乘일새 故不怖實際라하며 不由他悟일새 是證實
理라하니 圓敎엔 十住에 許入證故니라 三에 滿足下에 三句는 十行
益이니 初句는 位中之行이요 後二句는 位中之德이라 四에 離魔下
에 三句는 十向益이니 初句는 起行이니 一向利他일새 離二乘等魔
요 迴向菩提일새 故入佛境이라 次句는 得法이니 隨相離相이 無礙
難思라 後句는 行成이라 五에 常見諸下는 盡明十地니 初四句는
皆歡喜地니 一은 見受用身일새 故稱曰常이요 二는 根本證眞하고
後得證無量法하며 又證遍行眞如일새 亦名無量이라 三은 則僧祇

積福하야 證理出生일새 名福藏力이라 四에 發歡喜心은 是此位名이니 入見道故로 名無疑地니라 離惡淸淨은 是第二地요 依一切智하야 見法不動은 是三四地요 得入一切菩薩衆會는 是五六七地요 常生佛家는 八地已上이니 念無有間일새 故曰常生이라하니라 若約圓融인댄 初之五句는 信中攝位니 句各一位니 如理思之니라

두 번째 하여금 하게 하고자 한다고 한 아래는 나타내는 뜻을 바로 밝힌 것이다.

두 가지로 나누리니

먼저는 아래로 중생을 이익케 하고자 함을 밝힌 것이요

두 번째 여래의 큰 위덕을 열어 보이고자 하는 까닭이라고 한 아래는 위로 불도를 넓히고자 함을 밝힌 것이다.

지금은 처음으로 두 가지로 나누리니

먼저는 나타내는 이익을 밝힌 것이요

뒤에 세존이라고 한 아래는 나타내는 이익의 원인을 분별한 것이다.

지금은 처음으로 먼저 이익케 하는 바를 거론한 것이요

뒤에 아직 믿지 않는 사람이라고 한 아래는 이익케 하는 것이 같이 아니함을 분별한 것이다.

그러나 이 이익케 하는 가운데 경문이 수많은 문세를 포함하였지만 우선 한 가지 문세만 의지하여 과판하겠다.

먼저 행포문을 잡는다면 처음에 다섯[382] 구절은 십신이니,

처음 믿게 한다고 한 것으로부터 시작하여 마음으로 하여금 조복케

한다고 한 것은 십신위가 만족한 까닭이다.

다음에 일곱 구절은 다 십주의 이익이니,
말하자면 처음에 두 구절[383]은 십주 가운데 지혜를 관찰케 하는
것이요
다음에 두 구절[384]은 아래로 교화하고 위로 구하는 마음이요
뒤에 세 구절은 십주 가운데 증득하여 들어가는 것이니,
마음의 자성을 알기에 그런 까닭으로 말하기를 어긋남이 없다 하였
으며
이승에 물러나지 않기에 그런 까닭으로 실제를 두려워하지 않는다[385]
하였으며
다른 사람의 깨달음을 인유하지 않기에 진실한 이치를 증득한다
하였으니,
원교에는 십주에서 들어가 증득함을 허락하는 까닭이다.

세 번째 만족케 한다고 한 아래에 세 구절은 십행의 이익이니,
처음 구절은 십행위 가운데 바라밀행이요

---

382 원문 五 자 아래에 句 자가 있어야 좋다.

383 원문에 초이구初二句는 관심심觀甚深 아래에 二句이다.

384 원문에 차이구次二句는 발생무량發生無量 운운은 下化의 마음이고, 살바야심
薩婆若心 운운은 上求의 마음이다.

385 원문에 불퇴이승고不退二乘故 불포실제不怖實際라고 한 것은 만약 실제實際를
두려워한다면 곧 이승二乘에 물러나 떨어지는 것이다.

뒤에 두 구절은 십행위 가운데 공덕이다.

네 번째 마군의 경계를 떠난다고 한 아래에 세 구절은 십회향의 이익이니,

처음 구절은 행을 일으키는 것이니

한결같이 다른 사람을 이익케 하기에 이승 등의 마군을 떠나는 것이요

보리에 회향하기에 그런 까닭으로 부처님의 경계에 들어가는 것이다.

다음 구절[386]은 법을 얻는[387] 것이니,

모습을 따르고 모습을 떠나는 것이 걸림이 없어서 사의하기 어려운 것이다.

뒤에 구절은 행[388]을 이루는 것이다.

다섯 번째 항상 모든 부처님을 본다고 한 아래는 모두 십지를 밝힌 것이니,

처음에 네 구절은 다 환희지이니

첫 번째 구절은 수용신을 보기에 그런 까닭으로 이름을 항상 본다 말한 것이요

두 번째 구절은 근본지로 진여를 증득하고 후득지로 한량없는 법을 증득하며 또 변행진여를 증득하기에 또한 이름을 한량없는 법을

---

386 원문에 차구次句는 요지심법了知深法하고 획난사지獲難思智이다.

387 원문에 得 자는 約 자인 듯하다.

388 행行이란, 여기서 행은 대승大乘의 서원행이다.

증득한다 한 것이다.

세 번째 구절은 곧 아승지세월토록 복을 쌓아 진리를 증득하여 출생하기에 이름을 복덕창고의 힘이라 한 것이다.

네 번째 환희심을 일으킨다고 한 것은 이것은 이 환희지의 이름이니, 견도위에 들어가는 까닭으로 이름을 의심이 없는 지위라 한 것이다.

악을 떠나 청정케 한다고 한 것[389]은 이것은 제이지第二地요

일체 지혜를 의지하여[390] 법이 동요하지 아니함을 보게 한다고 한 것은 이것은 제 삼지와 제 사지요

일체 보살의 대중이 모인 곳에 들어감을 얻게[391] 한다고 한 것은 이것은 제 오지와 제 육지와 제 칠지요

항상 부처님의 집에 태어나게 한다고[392] 한 것은 팔지 이상이니, 생각마다 간단이 없기에 그런 까닭으로 말하기를 항상 태어난다 한 것이다.

만약 원교를 잡아 말한다면 처음에 다섯 구절은 십신 가운데 지위를 섭수한 것이니,

한 구절이 각각 한 지위이니 이치와 같이 생각할 것이다.

---

389 원문에 이악청정離惡淸淨은 第五句이다.

390 원문에 의일체지혜依一切智慧 운운은 第六句이다.

391 원문에 득입일체得入一切 운운은 第七句이다.

392 원문에 상생불가常生佛家는 第八句이다.

鈔

句各一位者는 初는 信位요 二에 增長은 是住位요 三에 淸淨은 是行位
요 四에 成熟은 是向位요 五에 調伏은 是地位이라

한 구절이 각각 한 지위라고 한 것은 처음 구절은 십신위요
두 번째 증장이라고 한 것은 십주위요
세 번째 청정이라고 한 것은 십행위요
네 번째 성숙이라고 한 것은 십회향위요
다섯 번째 조복이라고 한 것은 십지위이다.

疏

從觀甚深下는 義通諸位니 以圓敎中에 位位攝德故니라

깊고도 깊은 법을 관찰케 한다고 한 것으로 좇아 아래는 그 뜻이
모든 지위에 통하나니,
원교 가운데는 지위 지위마다 공덕을 섭수하는 까닭이다.

經

世尊所現의 如是莊嚴이 皆是過去에 先所積集한 善根所成이니
爲欲調伏諸衆生故며

세존이 시현한 바 이와 같은 장엄이 다 과거에 먼저 쌓아 모은
바 선근으로 이룬 바이니
모든 중생을 조복하고자 하는 까닭이며

疏

二는 辨現因이니 旣積善所成일새 故爲益深大니라 爲欲調伏諸衆
生故의 一句는 文含二勢니 一은 結前이니 謂結因所屬이요 二는
生後니 生後開示니 亦是爲生이라

두 번째는 나타내는 원인을 분별한 것이니,
이미 선근을 쌓아 이룬 바이기에 그런 까닭으로 이익이 깊고 큰
것이다.
모든 중생을 조복하고자 하는 까닭이라고 한 한 구절은 문장이
두 가지 문세를 포함하고 있나니
첫 번째는 앞에 말을 맺는 것이니, 말하자면 원인의 소속을 맺는
것이요
두 번째는 뒤에 말을 생기하는 것이니, 뒤에 열어 보인다고 한
말을 생기하는 것이니 역시 중생을 위한 것이다.

經

開示如來의 大威德故며 照明無礙의 智慧藏故며 示現如來의
無邊勝德이 極熾然故며 顯示如來의 不可思議한 大神變故며
以神通力으로 於一切趣에 現佛身故며 示現如來의 神通變化가
無邊際故며 本所志願을 悉成滿故며 顯示如來의 勇猛智慧가
能遍往故며 於法自在하야 成法王故며 出生一切智慧門故며 示
現如來의 身淸淨故며 又現其身이 最殊妙故며 顯示證得三世諸
佛의 平等法故며 開示善根의 淸淨藏故며 顯示世間의 無能爲諭
하는 上妙色故며 顯示具足十力之相하야 令其見者로 無厭足故
며 爲世間日하야 照三世故니라

여래의 큰 위덕을 열어 보이고자 하는 까닭이며

걸림이 없는 지혜의 창고를 조명하고자 하는 까닭이며

여래의 끝없는 수승한 공덕이 지극히 치연함을 시현하고자 하는
까닭이며

여래의 가히 사의할 수 없는 큰 신통변화를 현시하고자 하는 까닭
이며

신통력으로써 일체 육취에 부처님의 몸을 나타내고자 하는 까닭
이며

여래의 신통변화가 끝이 없음을 시현하고자 하는 까닭이며

본래 마음에 서원한 바를 다 성만하고자 하는 까닭이며

여래의 용맹한 지혜가 능히 두루 가는 것을 현시하고자 하는 까닭

이며

법에 자재하여 법왕을 이루고자 하는 까닭이며

일체 지혜의 문을 출생하고자 하는 까닭이며

여래의 몸이 청정함을 시현하고자 하는 까닭이며

또 그 몸이 가장 수승하고 묘함을 시현하고자 하는 까닭이며

삼세에 모든 부처님의 평등한 법을 현시하고자 하는 까닭이며

선근의 청정한 창고를 열어 보이고자 하는 까닭이며

세간에 능히 비유할 수 없는 최상의 묘한 색상을 현시하고자 하는
까닭이며

열 가지 힘을 구족한 모습을 현시하여 그것을 보는 사람으로 하여금
싫어하거나 만족함이 없게 하고자 하는 까닭이며

세간에 태양이 되어 삼세를 비추고자 하는 까닭입니다.

疏

第二에 明上弘佛道中에 分二리니 先은 別彰所爲요 二에 自在已
下는 擧因結歎이라 前中에 有十七句는 爲欲顯前二十一種殊勝
功德이니 初句爲總이요 餘皆是別이라 於中前五는 各攝二德이요
餘句各一이라 第一에 照明無礙智慧藏句에 顯二德者는 一은 顯
不二現行일새 故云無礙라하니 無二礙故요 二는 顯趣無相法일새
故云照智慧藏이라하니 慧爲能照요 藏卽所照니 無相眞如라 照明
趣達은 眼目殊稱이라 第二句는 一은 顯住於佛住니 謂住空大悲하
야 任運利樂을 無休息時일새 名曰熾然이요 二는 顯逮得一切佛平

等住니 謂依淸淨智하야 起利樂意하야 作二身業이 皆熾然故니라
第三句는 一은 顯到無障處요 二는 顯不可轉法이니 謂此二가 是
降魔伏外功德이니 前由有對治하야 則不爲他動거니와 今由有神
變하야 乃能轉他니라 第四句는 一은 爲顯所行無礙니 今遍趣現身
이 卽是所行이니 有漏盡通하야 八風不染이며 又神通力이 卽能遍
因이요 二는 顯其所安立의 不可思議니 謂佛威神으로 所建立故니
라 第五句는 初는 顯遊於三世의 平等法性이니 約記三世事인댄
亦是神通이며 無邊際言인댄 卽平等性이요 二는 顯其身이 流布一
切世間이니 此言甚顯이라 下皆各攝一德이라 六은 顯於一切法에
智無疑滯니 本願已滿故니라 七은 顯於一切行에 成最正覺이니
名智遍往이라 八은 顯於諸法에 智無有疑惑이니 名於法自在니라
九는 顯一切菩薩等의 所求智니라 十은 顯凡所現身의 不可分別이
라 十一은 爲顯得佛의 無二住勝彼岸이니 彼岸已圓하야 十身殊妙
故니라 十二는 顯不相間雜하는 如來의 解脫妙智와 究竟功德과
又諸佛이 平等皆遍호대 而不相雜故니라 十三은 顯證無中邊한
佛平等地니 平等之地가 卽淸淨藏이라 十四는 顯極同法界니 故
云上妙라하니라 十五는 有十力故로 能盡虛空이니 見者無厭이라
十六은 窮未來際니 故照三世니라

제 두 번째 위로 불도를 넓히고자 함을 밝힌 가운데 두 가지로
나누리니
먼저는 그 까닭을 따로 밝힌 것이요

두 번째 자재한 법왕[393]이라고 한 이하는 원인을 거론하여 맺어 찬탄한 것이다.

앞에 그 까닭을 밝힌다고 한 가운데 열일곱 구절이 있는 것은 앞에 스물한 가지 수승한 공덕을 현시하고자 한 것이니

처음 구절은 총구가 되는 것이요

나머지 구절은 다 별구이다.

그 가운데 앞에 다섯 구절은 각각 두 가지 공덕을 섭수한 것이요 나머지 구절은 각각 한 가지 공덕을 섭수한 것이다.

첫 번째 걸림이 없는 지혜의 창고를 조명하고자 한다고 한 구절에 두 가지 공덕을 나타낸 것은 첫 번째는 둘이 없이 나타내는 행을 현시하기에 그런 까닭으로 말하기를 걸림이 없다 하였으니,

두 가지에 걸림이 없는 까닭이요

두 번째는 모습이 없는 법에 나아감을 현시하기에 그런 까닭으로 말하기를 지혜의 창고를 비춘다 하였으니,

지혜는 능조가 되고 창고는 곧 소조가 되나니 모습이 없는 진여이다.

진여를 조명하고 나아가 요달하는[394] 것은 안목이 수특하여야 칭합하는 것이다.

---

393 두 번째 자재한 법왕이란, 영인본 화엄 7책, p.363, 5행이다.

394 원문에 조명취달照明趣達은 무상진여無相眞如, 곧 무상법無相法을 조명하여 나아가 요달了達한다는 뜻이다. 즉 지금에 조명취달照明趣達은 上立名中에는 취무상법趣無相法이라 하고, 上 서자권署字卷에는 달무상법達無相法이라 하니 照明과 趣와 達은 眼과 目과 같아서 이름은 다르지만 뜻은 하나이다.

제 두 번째 구절은 첫 번째는 부처님이 머무시는 곳에 머무는 것을 현시한 것이니,

말하자면 공대비空大悲에 머물러 마음대로 이롭게 하고 즐겁게 하기를 쉴 때가 없이 하기에 이름을 치연이라 한 것이요

두 번째는 일체 부처님이 평등하게 머무는 곳을 체득함을 현시한 것이니,

말하자면 청정한 지혜를 의지하여 이롭게 하고 즐겁게 하는 마음을 일으켜 두 가지 신업身業³⁹⁵을 짓는 것이 다 치연한 까닭이다.

제 세 번째 구절은 첫 번째는 장애가 없는 곳에 이름을 현시한 것이요

두 번째는 가히 전변하지 않는 법을 현시한 것이니,

말하자면 이 두 가지가 마군을 항복받고 외도를 조복하는 공덕이니 앞에서는 상대하여 다스림이 있음을 인유하여 곧 저 마군에게 동요되지 아니하였거니와, 지금에는 신통변화가 있음을 인유하여 이에 능히 저 마군을 전변케 하는 것이다.

제 네 번째 구절은 첫 번째는 행하는 곳에 걸림이 없음을 현시한 것이니,

지금에 두루 육취에 몸을 나타내는 것이 곧 행하는 곳이니 누진통이 있어서 팔풍八風에 물들지 않는 것이며, 또 신통의 힘이 곧 능히 두루하는 원인인 것이요

두 번째는 그 안립한 바가 가히 사의할 수 없음을 현시한 것이니,

---

395 원문에 이신업二身業은 이업利業과 낙업樂業이다.

말하자면 부처님의 위신력으로 건립한 바인 까닭이다.

제 다섯 번째 구절은 처음에는 삼세에 평등한 법성에 노님을 현시한 것이니,

삼세의 일을 기억함을 잡는다면 또한 신통이며, 끝이 없다고 말한 것이라면 곧 평등한 법성이요

두 번째는 그 몸이 일체 세간에 유포함을 나타낸 것이니,

이 말이 심장함을 나타낸 것이다.

이 아래는 다 각각 한 가지 공덕을 섭수하였다.

여섯 번째 구절은 일체법에 지혜가 의심도 막힘도 없음을 현시한 것이니,

본래의 서원이 이미 만족한 까닭이다.

일곱 번째 구절은 일체 행에 가장 바른 깨달음을 성취함을 현시한 것이니,

지혜가 두루 간다고 이름한 것이다.

여덟 번째 구절은 모든 법에 지혜가 의혹이 없음을 현시한 것이니, 법에 자재하다고 이름한 것이다.

아홉 번째 구절은 일체 보살 등이 구하는 바 지혜를 현시한 것이다.

열 번째 구절은 무릇 나타낸 바 몸을 가히 분별할 수 없음을 현시한 것이다.

열한 번째 구절은 부처님이 둘이 없이 머무는 수승한 피안을 얻음을 현시한 것이니,

피안이 이미 원만하여 열 가지 몸이 수특하고 묘한 까닭이다.

열두 번째 구절은 서로 사이에 섞이지 않는 여래의 해탈과 묘한

지혜와 구경에 공덕과 또 모든 부처님이 평등하게 다 두루하지만 서로 섞이지 아니함을 현시한 까닭이다.

열세 번째 구절은 중간도 끝도 없는 부처님의 평등한 지위를 증득함을 현시한 것이니,

평등한 지위가 곧 청정한 창고인 것이다.

열네 번째 구절은 지극히 법계와 같음을 현시한 것이니,

그런 까닭으로 말하기를 최상의 묘한 색상이라 하였다.

열다섯 번째 구절은 열 가지 힘이 있는 까닭으로 능히 허공을 다하는 것이니,

보는 사람으로 하여금 싫어함이 없게 하는 것이다.

열여섯 번째 구절은 미래의 끝까지 다하는 것이니,

그런 까닭으로 삼세를 비춘다고 하였다.

經

自在法王의 一切功德이 皆從往昔에 善根所現이니 一切菩薩이
於一切劫에 稱揚讚說하야도 不可窮盡이니라

자재한 법왕의 일체 공덕이 다 지나간 옛날에 선근으로 좇아 나타
난 바이니 일체 보살이 일체 세월에 칭양하고 찬탄하여 설할지라도
가히 다할 수 없습니다.

疏

第二는 擧因結歎이니 前擧積因이요 後歎無盡이라 五에 觀佛勝德
은 竟이라

제 두 번째는 원인을 거론하여 맺어 찬탄한 것이니
앞[396]에는 원인을 쌓은 것을 거론한 것이요
뒤[397]에는 찬탄할지라도 다할 수 없다는 것이다.

다섯 번째 부처님의 수승한 공덕을 본다고 한 것은[398] 마친다.

---

396 원문에 전前은 자재법왕自在法王 이하이다.
397 원문에 후後는 일체보살一切菩薩 이하이다.
398 다섯 번째 부처님의 수승한 공덕을 본다고 한 것은 영인본 화엄 7책, p.275,
4행에 선출先出한 것이다.

經

爾時에 兜率陀天王이 奉爲如來하야 嚴辦如是諸供具已에 與百
千億那由他阿僧祇兜率天子로 向佛合掌하고 白佛言호대 善來
世尊이시여 善來善逝시여 善來如來應正等覺이시여 唯見哀愍하
사 處此宮殿하소서

그때에 도솔타천왕이 여래를 받들어 이와 같은 모든 공양구를
장엄하여 갖춘 이후에 백천억 나유타 아승지 도솔타천자로 더불어
부처님을 향하여 합장하고 부처님께 여쭈어 말하기를
잘 오셨나이다. 세존이시여,
잘 오셨나이다. 선서시여,
잘 오셨나이다. 여래 응공 정등각이시여,
오직 어여삐 보아 이 궁전에 거처하소서.

疏

第六에 爾時兜率下는 天王이 請佛處殿이라 亦稱五號를 並曰善
來와 及下文意는 皆如第三會說하니라

제 여섯 번째 그때에 도솔타천왕이라고 한 아래는 도솔타천왕이
부처님께 궁전에 거처하기를 청한 것이다.
또한 다섯 가지 이름을 부르기를 모두 잘 오셨나이다(善來) 한 것과
그리고 아래 경문의 뜻은 다 제 삼회에서 설한 것과 같다.

鈔

亦稱五號者는 一은 世尊이요 二는 善逝요 三은 如來요 四는 應供이요
五는 正遍知라 然이나 尋常엔 略擧下三거니와 今加上二일새 故爲五
德이라

또한 다섯 가지 이름을 불렀다고 한 것은 첫 번째는 세존이요
두 번째는 선서요
세 번째는 여래요
네 번째는 응공이요
다섯 번째는 정변지[399]이다.
그러나 보통 때에는 아래 세 가지 이름만 간략하게 거론하거니와,
지금에는 위에 두 가지 이름을 더하였기에 그런 까닭으로 오덕五德이
되는 것이다.

---

[399] 정변지는 경문에는 정등각이다.

經

爾時世尊이 以佛莊嚴으로 而自莊嚴하야 具大威德하시니 爲令
一切衆生으로 生大歡喜故며 一切菩薩로 發深悟解故며 一切兜
率陀天子로 增益欲樂故며 兜率陀天王으로 供養承事를 無厭足
故며 無量衆生으로 緣念於佛하야 而發心故며 無量衆生으로 種
見佛善根하야 福德無盡故며 常能發起淸淨信故며 見佛供養이
나 無所求故며 所有志願을 皆淸淨故며 勤集善根하야 無懈息故
며 發大誓願하야 求一切智故로 受天王請하고 入一切寶莊嚴殿
하시니

그때에 세존이 부처님의 장엄으로써 스스로 장엄하여 큰 위덕을
구족하시니

일체중생으로 하여금 큰 환희를 내게 하기 위한 까닭이며

일체 보살로 깊이 깨달아 앎을 일으키게 하기 위한 까닭이며

일체 도솔타천자로 욕망과 즐거움을 증익케 하기 위한 까닭이며

도솔타천왕으로 공양하고 받들어 섬기기를 싫어하거나 만족함이
없게 하기 위한 까닭이며

한량없는 중생으로 부처님을 반연하고 생각하여 발심케 하기 위한
까닭이며

한량없는 중생으로 부처님을 친견할 선근을 심어 복덕이 끝이
없게 하기 위한 까닭이며

항상 능히 청정한 믿음을 일으키게 하기 위한 까닭이며

부처님을 친견하고 공양하지만 구하는 바가 없게 하기 위한 까닭
이며
소유한 뜻과 서원을 다 청정케 하기 위한 까닭이며
부지런히 선근을 모아 게으름이 없게 하기 위한 까닭이며
큰 서원을 일으켜 일체 지혜를 구하게 하기 위한 까닭으로 도솔타천
왕의 청을 받고 일체 보배 장엄 궁전에 들어가시니

疏

第七에 爾時世尊下는 如來受請이라 分二리니 先은 受請入殿이요
二에 爾時一切下는 入已現嚴이라 前中에 先明此界요 後辨結通이
라 前中에 初一句는 明能應之德이요 次는 明所爲之意요 三은 正受
請이니 並顯可知니라

제 일곱 번째 그때에 세존이라고 한 아래는 여래가 청함을 받은
것이다.
두 가지로 나누리니
먼저는 청함을 받고 궁전에 들어간 것이요
두 번째 그때에 일체 보배 장엄 궁전이라고 한 아래는 궁전에 들어간
이후에 장엄을 나타낸 것이다.
앞의 청함을 받고 궁전에 들어간 가운데 먼저는 이 세계를 밝힌
것이요
뒤에는 맺어서 통함[400]을 분별한 것이다.

앞의 이 세계를 밝힌 가운데 처음에 한 구절은 능히 응하는 공덕을 밝힌 것이요

다음[401]에는 할 바의 뜻을 밝힌 것이요

세 번째[402]는 바로 청함을 받은 것이니,

모두 현시한 것은 가히 알 수가 있을 것이다.

---

400 원문에 結 자는 結此世界요, 通 자는 通一切世界니 즉 맺는다고 한 것은 이 세계를 맺는 것이고, 통한다고 한 것은 일체세계에도 통한다는 것이다.

401 원문에 次란, 위령일체중생爲令一切衆生下에서 구일체지고求一切智故까지다.

402 원문에 三이란, 수천왕청受天王請 이하이다.

經

如此世界하야 十方所有一切世界도 悉亦如是하니라

爾時에 一切寶莊嚴殿에 自然而有妙好莊嚴하니 出過諸天의 莊
嚴之上하며 一切寶網으로 周匝彌覆하며 普雨一切上妙寶雲하
며 普雨一切莊嚴具雲하며 普雨一切寶衣雲하며 普雨一切栴檀
香雲하며 普雨一切堅固香雲하며 普雨一切寶莊嚴蓋雲하며 普
雨不可思議華聚雲하며 普出不可思議妓樂音聲하야 讚揚如來
一切種智호대 悉與妙法으로 而共相應하나니 如是一切諸供養
具가 悉過諸天供養之上하니라

이 세계와 같아서 시방에 있는 바 일체 세계에도 다 또한 이와
같이 하셨습니다.

그때에 일체 보배 장엄 궁전에 자연히 묘호한 장엄이 있으니
모든 하늘의 장엄에 최상의 장엄을 벗어났으며
일체 보배 그물로 두루 돌아 가득 덮었으며
널리 일체 최상으로 묘한 보배 구름을 비 내리며
널리 일체 장엄구 구름을 비 내리며
널리 일체 보배 옷 구름을 비 내리며
널리 일체 전단향 구름을 비 내리며
널리 일체 견고향 구름을 비 내리며
널리 일체 보배 장엄 일산 구름을 비 내리며
널리 가히 사의할 수 없는 꽃 뭉치 구름을 비 내리며

널리 가히 사의할 수 없는 기악과 음성을 내어 여래의 일체종지를
찬양하되 묘법으로 더불어 함께 상응하나니,
이와 같은 일체 모든 공양구가 다 모든 하늘의 공양구에 최상의
공양구를 벗어났습니다.

疏

第二는 現嚴이니 顯是佛力일새 故出過諸天이라하니라

제 두 번째는 장엄을 나타낸 것이니,
이 부처님의 힘을 현시하기에 그런 까닭으로 모든 하늘의 장엄을
벗어났다 하였다.

經

時에 兜率宮中에 妓樂歌讚이 熾然不息하니 以佛神力으로 令兜率王으로 心無動亂케하며 往昔善根이 皆得圓滿케하며 無量善法이 益加堅固케하며 增長淨信하야 起大精進케하며 生大歡喜하야 淨深志樂케하며 發菩提心하야 念法無斷하고 總持不忘케하니라

그때에 도솔천궁 가운데 기악과 노래와 찬탄이 치연하여 쉬지 않나니 부처님의 위신력으로 도솔천왕으로 하여금 마음이 동요하거나 산란함이 없게 하며
지나간 옛날에 선근이 다 원만함을 얻게 하며
한량없는 선한 법이 더욱더 견고하게 하며
청정한 믿음이 증장하여 큰 정진을 일으키게 하며
큰 환희를 내어 깊이 마음에 좋아하는 것을 깨끗이 하게 하며
보리심을 일으켜 법을 생각하는 것이 끊어지지 않게 하고 모두 가져 잊지 않게 하였습니다.

疏

第八에 時兜率宮下는 天王獲益이라 文中에 初得定益이요 往昔已下는 是進善益이니 佛神力言은 通此二益이라 十住位劣하야 攝散歸靜일새 故樂音止息거니와 此位超勝하야 得動實性일새 故動寂無二하야 熾然音樂에 心不動也니라

제 여덟 번째 그때에 도솔천궁이라고 한 아래는 도솔천왕이 이익을
얻는 것이다.

경문 가운데 처음에는 삼매의 이익을 얻는 것이요

지난 옛날이라고 한 이하는 선근의 이익에 나아간 것이니

부처님의 위신력이라고 말한 것은 이 두 가지 이익에 통하는 것이다.

십주는 지위가 하열하여 산란함을 섭수하여 고요함에 돌아갔기에

그런 까닭으로 기악과 음성이 그쳐 쉬었거니와, 이 십행의 지위는

초승하여 동요함의 실성[403]을 얻었기에 그런 까닭으로 동요하고

고요함이 둘이 없어서 치연한 음악에 마음이 동요하지 않는 것이다.

---

403 원문에 동실성動實性이라고 한 것은 동요함의 실성實性은 그 자성自性이
　　고요한 까닭이다.

經

爾時에 兜率陀天王이 承佛威力하야 卽自憶念過去佛所에 所種
善根하고 而說頌言호대

그때에 도솔타천왕이 부처님의 위신력을 받아 곧 스스로 과거
부처님의 처소에 심은 바 선근을 기억하여 생각하고 게송을 설하여
말하기를

疏

第九에 爾時下는 承力偈讚이라 然憶念昔因도 亦是益相이나 取文
便故로 爲說偈依니라 文中二니 先은 明此處偈讚이요 後는 結通十
方이라 前中에 先은 說偈依라

제 아홉 번째 그때라고 한 아래는 위신력을 받아 게송으로 찬탄한
것이다.
그러나 옛날에 인연을 기억하여 생각하는 것도 또한 이익의 모습이지
만 경문의 편리함을 취한 까닭으로[404] 게송을 의지하여 설한 것이다.

경문 가운데 두 가지가 있나니

---

[404] 원문에 취문편고取文便故라고 한 것은 여기에 억념과거선근憶念過去善根이
앞에 제팔천왕획익第八天王獲益의 장행문長行文에 속하지만 편리상 게송에
배속하여 說했다는 것이다.

먼저는 이곳에서 게송으로 찬탄한 것을 밝힌 것이요

뒤에는 시방에서도 이와 같이 함을 맺어서 통석한[405] 것이다.

앞의 게송으로 찬탄한 가운데 먼저는 게송을 의지하여 설한 것이다.

---

405 원문에 후결통後結通이란, 영인본 화엄 7책, p.390, 3행이다.

經

昔有如來無礙月이라 諸吉祥中最殊勝하시니
彼曾入此莊嚴殿일새 是故此處最吉祥하니다

昔有如來名廣智라　 諸吉祥中最殊勝하시니
彼曾入此金色殿일새 是故此處最吉祥하니다

昔有如來名普眼이라 諸吉祥中最殊勝하시니
彼曾入此蓮華殿일새 是故此處最吉祥하니다

昔有如來號珊瑚라　 諸吉祥中最殊勝하시니
彼曾入此寶藏殿일새 是故此處最吉祥하니다

昔有如來論師子라　 諸吉祥中最殊勝하시니
彼曾入此山王殿일새 是故此處最吉祥하니다

옛날에 여래가 있었으니 걸림이 없는 달입니다.
모든 길상 가운데 가장 수승하시니
저 여래가 일찍이 이 장엄 궁전에 들어오셨기에
이런 까닭으로 이곳이 가장 길상합니다.

옛날에 여래가 있었으니 이름이 넓은 지혜입니다.
모든 길상 가운데 가장 수승하시니

저 여래가 일찍이 이 금색 궁전에 들어오셨기에
이런 까닭으로 이곳이 가장 길상합니다.

옛날에 여래가 있었으니 이름이 넓은 눈입니다.
모든 길상 가운데 가장 수승하시니
저 여래가 일찍이 이 연꽃 궁전에 들어오셨기에
이런 까닭으로 이곳이 가장 길상합니다.

옛날에 여래가 있었으니 이름이 산호입니다.
모든 길상 가운데 가장 수승하시니
저 여래가 일찍이 이 보배 장엄 궁전에 들어오셨기에
이런 까닭으로 이곳이 가장 길상합니다.

옛날에 여래가 있었으니 논리의 사자입니다.
모든 길상 가운데 가장 수승하시니
저 여래가 일찍이 이 산왕 궁전에 들어오셨기에
이런 까닭으로 이곳이 가장 길상합니다.

昔有如來名日照라　諸吉祥中最殊勝하시니
彼曾入此衆華殿일새 是故此處最吉祥하니다

昔有佛號無邊光이라 諸吉祥中最殊勝하시니
彼曾入此樹嚴殿일새 是故此處最吉祥하니다

昔有如來名法幢이라 諸吉祥中最殊勝하시니
彼曾入此寶宮殿일새 是故此處最吉祥하니다

昔有如來名智燈이라 諸吉祥中最殊勝하시니
彼曾入此香山殿일새 是故此處最吉祥하니다

昔有佛號功德光이라 諸吉祥中最殊勝하시니
彼曾入此摩尼殿일새 是故此處最吉祥하니다

옛날에 여래가 있었으니 이름이 태양의 비춤입니다.
모든 길상 가운데 가장 수승하시니
저 여래가 일찍이 이 수많은 꽃 궁전에 들어오셨기에
이런 까닭으로 이곳이 가장 길상합니다.

옛날에 부처님이 있었으니 이름이 끝없는 광명입니다.
모든 길상 가운데 가장 수승하시니

저 부처님이 일찍이 이 나무 궁전에 들어오셨기에
이런 까닭으로 이곳이 가장 길상합니다.

옛날에 여래가 있었으니 이름이 법의 당기입니다.
모든 길상 가운데 가장 수승하시니
저 여래가 일찍이 이 보배 궁전에 들어오셨기에
이런 까닭으로 이곳이 가장 길상합니다.

옛날에 여래가 있었으니 이름이 지혜의 등불입니다.
모든 길상 가운데 가장 수승하시니
저 여래가 일찍이 이 향기산 궁전에 들어오셨기에
이런 까닭으로 이곳이 가장 길상합니다.

옛날에 부처님이 있었으니 이름이 공덕의 광명입니다.
모든 길상 가운데 가장 수승하시니
저 부처님이 일찍이 이 마니 궁전에 들어오셨기에
이런 까닭으로 이곳이 가장 길상합니다.

疏

後는 正陳偈讚十頌이니 頌各一佛이라 佛名有異나 略無別德이라
餘同前會하니라 此佛이 卽前會十佛의 次前十佛이니 寄位漸深일
새 憶念漸遠耳니라

뒤에는 바로 게송으로 찬탄한 열 가지 게송을 진술한 것이니,
한 게송이 각각 한 부처님이다.
부처님의 이름은 다름이 있지만 공덕이 다른 것은 생략되어 없다.
나머지는 앞의 제 사회와 같다.
여기에 열 부처님이 곧 앞의 제 사회에[406] 열 부처님의 다음 앞에(次前)
열 부처님이니,
지위가 점점 깊어짐을[407] 의지하였기에 기억하여 생각하는 것도
점점 먼 것이다.

---

406 앞의 제 사회란, 승야마천궁품이다.
407 지위가 점점 깊어진다고 한 것은 제 사회 승야마천궁품은 십행十行을 말하고
있고, 여기 제 오회 승도솔천궁품은 십회향十回向을 말하고 있기에 하는
말이다.

經

如此世界에 兜率天王이 承佛神力하야 以頌讚歎過去諸佛인달
하야 十方一切諸世界中에 兜率天王도 悉亦如是하야 歎佛功德
하니라

爾時世尊이 於一切寶莊嚴殿의 摩尼寶藏師子座上에 結跏趺
坐하시니

이 세계에 도솔천왕이 부처님의 위신력을 받아 게송으로 과거
모든 부처님을 찬탄하는 것과 같이 시방의 일체 모든 세계 가운데
도솔천왕도 다 또한 이와 같아서 부처님의 공덕을 찬탄하였습니다.

그때에 세존이 일체 보배 장엄 궁전의 마니보배 창고 사자의 자리
위에서 결가부좌하시니

疏

第十에 爾時世尊下는 如來就座라 文分四別하리니 一은 明就座라

제 열 번째 그때에 세존이라고 한 아래는 여래가 사자좌에 나아간
것이다.
경문을 네 가지로 다르게 나누리니
첫 번째는 사자좌에 나아감을 밝힌 것이다.

經

法身淸淨하며 妙用自在하며 與三世佛로 同一境界며 住一切智
며 與一切佛로 同入一性하며 佛眼明了하야 見一切法호대 皆無
障礙하며 有大威力하야 普遊法界호대 未嘗休息하며 具大神通
하야 隨有可化衆生之處하야 悉能遍往하며 以一切諸佛의 無礙
莊嚴으로 而嚴其身하며 善知其時하야 爲衆說法호려하니

법신이 청정하며
묘용이 자재하며
삼세에 부처님으로 더불어 경계가 동일하며
일체 지혜에 머물며
일체 부처님으로 더불어 함께 한 자성에 들어가며
부처님의 눈이 명료하여 일체법을 보되 다 장애가 없으며
큰 위신력이 있어 널리 법계에 노닐되 일찍이 휴식함이 없으며
큰 신통을 구족하여 가히 교화할 중생이 있는 곳을 따라 다 능히
두루 가며
일체 모든 부처님의 걸림 없는 장엄으로 그 몸을 장엄하며
그 때를 잘 알아 대중을 위하여 법을 설하려 하시니

疏

二에 法身下는 顯德이니 亦大同前二十一德이나 恐厭繁文하야 不
能具釋하니라

두 번째 법신이 청정하다고 한 아래는 공덕을 나타낸 것이니, 또한 앞의 스물한 가지 공덕과 크게는 같지만 번잡한 문장을 싫어할까 염려하여 능히 갖추어 해석하지 않는다.

經

不可說諸菩薩衆이 各從他方의 種種國土하야 而共來集하니 衆
會淸淨하고 法身無二하야 無所依止나 而能自在로 起佛身行하
니라

가히 말할 수 없는 모든 보살 대중이 각각 타방 세계에 가지가지
국토로 좇아 함께 와서 모이니 모인 대중이 청정하고 법신法身이
둘이 없어서 의지할 바가 없지만 능히 자재로 불신佛身의 행을
일으킵니다.

疏

三에 不可說下는 衆集이니 卽眷屬圓滿이라 然이나 後品衆集은
有所表故로 但云一萬이라하나 理實遍集이라 故此但云호대 不可
說衆이라하니 未必但是後品之人이라

세 번째 가히 말할 수 없다고 한 아래는 대중이 와서 모인 것이니,
곧 권속[408]이 원만한 것이다
그러나 뒤에 품에 대중이 모인 것은 표하는 바가 있는 까닭으로
다만 일만이라고만 말하였지만 이치는 실로 두루 모인 것이다.
그런 까닭으로 이 품에서는 다만 말하기를 가히 말할 수 없는 모든

---

408 권속眷屬이란, 보살菩薩이다.

보살대중이라고만 하였으니,

아직은 다만 뒤에 품의 사람을 필요로 하지 아니할 뿐이다.

經

坐此座已에 於其殿中에 自然而有無量無數殊特妙好한 出過
諸天供養之具하니 所謂華鬘衣服과 塗香末香과 寶蓋幢幡과 妓
樂歌讚이라 如是等事가 一一皆悉不可稱數나 以廣大心으로 恭
敬尊重하야 供養於佛하나니 十方一切兜率陀天도 悉亦如是하
니라

이 자리에 앉으신 이후에 그 궁전 가운데서 자연스레 한량도 없고
수도 없는 수특하고 묘호한 모든 하늘의 공양구보다 뛰어난 공양구
가 있으니
말하자면 꽃목걸이와 의복과 바르는 향과 가루향과 보배일산과
당기와 번기와 기악과 노래와 찬탄입니다.
이와 같은 사실이 낱낱이 다 가히 그 수를 헤아릴 수 없이 많지만
광대한 마음으로 공경하고 존중하여 부처님께 공양하나니
시방의 일체 도솔타천에서도 다 또한 이와 같이 하였습니다.

疏

四에 坐此座下는 現嚴이니 初는 此界요 後는 結通이라 有云호대
此升座一段은 宜置入殿之後와 歎處之前거늘 迴文不曉者는 未
必然也니 謂初請入殿하고 讚爲請坐가 於理何違리요

네 번째 이 자리에 앉으신 이후라고 한 아래는 장엄을 나타낸 것이니

처음에는 이 세계요

뒤에는 시방을 맺어서 통석한 것이다.

어떤 사람이 말하기를 여기에 자리에 오르셨다고 한 일단은 마땅히 궁전에 들어간 이후와 처소를 찬탄한 이전에 두어야 하거늘 회문廻文이 효시曉示하지 못했다고 한 것은 반드시 그런 것만은 아니니, 말하자면 처음 궁전에 들어가시기를 청하고 찬탄하여 자리에 앉으시기를 청하는 것이 저 이치에 어찌 어긋나겠는가.

鈔

有云下는 敍刊定의 破經이요 二에 未必然也는 總非요 三에 謂初請入下는 出其正理라 彼破意云호대 謂入殿卽坐하시고 坐竟方歎할새 故合迴文이라하니 今엔 明初入殿竟하시고 次卽歎處請坐어든 後方受請이 於理何失이리요하니라

어떤 사람이 말하였다고 한 아래는 『간정기』가 지금의 경을 깨뜨린 것을 서술한 것이요

두 번째 반드시 그런 것만은 아니라고 한 것은 모두 아니라고 한 것이요

세 번째 말하자면 처음 궁전에 들어가시기를 청하였다고 한 아래는 그것이 바른 이치임을 설출한 것이다.

저 『간정기』가 깨뜨리는 뜻에 말하기를 말하자면 궁전에 들어가심에 곧 앉으시고 앉아 마치심에 바야흐로 찬탄하기에 그런 까닭으로

회문廻文에 합한다 하였으니,

지금에는 처음에 궁전에 들어가 마치시고 다음에 곧 처소를 찬탄하여 앉으시기를 청하거든, 뒤에 바야흐로 청함을 받는 것이 저 이치에 무슨 허물이 있겠는가 함을 밝힌 것이다.

청량 징관(淸涼 澄觀, 738~839)

중국 화엄종의 제4조.

절강성浙江省 월주越州 산음山陰 사람으로, 속성은 하후夏侯, 자는 대휴大休, 탑호는 묘각妙覺이다.

11세에 출가하여 계율, 삼론, 화엄, 천태, 선 등을 비롯, 내외전을 두루 수학하였다. 40세(777년) 이후 오대산 대화엄사에 머물면서 『화엄경』을 여러 차례 강설하였으며, 이를 토대로 『대방광불화엄경소』 60권, 『대방광불화엄경수소연의초』 90권을 저술하고 강의하였다. 796년에는 반야삼장의 『40권 화엄경』 번역에 참여하였고, 덕종에게 내전에서 화엄의 종지를 펼쳤다. 덕종에게 청량국사淸涼國師, 헌종에게 승통청량국사僧統淸涼國師라는 호를 받는 등 일곱 황제의 국사를 지냈다.

저서로 『화엄경주소華嚴經註疏』, 『화엄경수소연의초華嚴經隨疏演義鈔』, 『화엄경강요華嚴經綱要』, 『화엄경략의華嚴經略義』, 『법계현경法界玄鏡』, 『삼성원융관문三聖圓融觀門』 등 400여 권이 있다.

관허 수진貫虛 守眞

1971년 문성 스님을 은사로 출가, 1974년 수계, 해인사 강원과 금산사 화엄학림을 졸업하고, 운성, 운기 등 당대 강백 열 분에게 10년간 참문수학하였다.

1984년부터 수선안거 10년을 성만하고, 1993년부터 7년간 해인사 강원 강주로 학인들을 지도하였다.

대한불교조계종 교육위원, 역경위원, 교재편찬위원, 중앙종회의원, 범어사 율학승가대학원장 및 율주를 역임하였다.

현재 부산 승학산 해인정사에 주석하면서, 대한불교조계종 고시위원장, 단일계단 계단위원·존증아사리, 동명대학교 석좌교수, 동명대학교 세계선센터 선원장 등의 소임을 맡고 있다.

청량국사화엄경소초 44 - 승도솔천궁품

초판 1쇄 인쇄 2024년 7월 30일 | 초판 1쇄 발행 2024년 8월 9일
청량 징관 찬술 | 관허 수진 현토역주 | 펴낸이 김시열
펴낸곳 도서출판 운주사

(02832) 서울시 성북구 동소문로 67-1 성심빌딩 3층
전화 (02) 926-8361 | 팩스 0505-115-8361
ISBN 978-89-5746-833-3 94220
ISBN 978-89-5746-592-9 (총서)   값 25,000원
http://cafe.daum.net/unjubooks 〈다음카페: 도서출판 운주사〉